国家出版基金项目
NATIONAL PUBLICATION FOUNDATION

國語學草創

胡以魯◎著

山西出版傳媒集團
山西人民出版社

圖書在版編目(CIP)數據

國語學草創 / 胡以魯著. -太原: 山西人民出版社, 2014.12
(近代名家散佚學術著作叢刊 / 許嘉璐主編)
ISBN 978-7-203-08767-0

Ⅰ. ①国… Ⅱ. ①胡… Ⅲ. ①漢語-語言學
Ⅳ. ①H

中國版本圖書館 CIP 數據核字(2014)第 234680 號

國語學草創

主　　編　許嘉璐
著　　者　胡以魯
責任編輯　梁晋華
助理編輯　張　潔

出 版 者　山西出版傳媒集團·山西人民出版社
地　　址　太原市建設南路21號
郵　　編　030012
發行營銷　0351-4922220　4955996　4956039
　　　　　0351-4922127(傳真)　4956038(郵購)
E-mail　sxskcb@163.com　發行部
　　　　sxskcb@126.com　總編室
網　　址　www.sxskcb.com

經 銷 者　山西出版傳媒集團·山西人民出版社
承 印 廠　山西出版傳媒集團·山西人民印刷有限責任公司

開　　本　700mm×970mm　1/16
印　　張　11
字　　數　78千字
印　　數　1—3000冊
版　　次　2014年12月　第1版
印　　次　2014年12月　第1次印刷
書　　號　ISBN 978-7-203-08767-0
定　　價　28.00圓

《近代名家散佚學術著作叢刊》編委會

出版説明

近代名家散佚學術著作叢刊選取一九四九年以後未再刊行之近代名家學術著作共一百二十册，編例如次：

一、本叢書遴選之著作在相關學術領域具有一定的代表性，在學術研究方向、方法上獨具特色。

二、爲避免重新排印時出錯，本叢書原本原貌影印出版。影印之底本皆經專家組審定，原書字體大小，排版格式均未做大的改變，原書之序言、附注皆予保留。

三、本叢書分爲八大類，以作者生卒年編次。

四、爲使叢書體例一致，本叢書前言後記均采用繁體字排版。

五、個別頁碼較少的版本，爲方便裝幀和閲讀，進行了合訂。

六、少數學術著作原書内容有個别破損之處，編者以不改變版本内容爲前提，部分進行修補，難以修復之處保留缺損原狀。

七、原版書中個别錯訛之處，皆照原樣影印，未做修改。

八、所選版本之抽印本頁碼標注，起始至所終頁碼均照原樣影印，未重新編排標注新頁碼。

由於叢書規模較大，不足之處，殷切期待方家指正。

總序／

披沙瀝金，以爲鏡鑒

◇許嘉璐

多年來有一個問題始終在我腦中盤桓：爲什麼在十九世紀末到二十世紀初，在短短的幾十年裏，中國的各個學術領域竟涌現了那麼多大師級的人物？這是中國近代史上一個極爲重要的現象，我認爲，如果不能給出令人滿意的答案，我們撰寫的近代學術史將是不完整的，甚至是缺乏靈魂的。後來我知道，著名人類學家克羅伯曾提出過一個問題：爲什麼天才成群地來？看來這種現象的出現並非中國所獨有，思考其所以然的也大有人在。而在那一次世紀之交中國的情況，似乎應驗了「天才成群地來」這個令克氏久久不解的疑問。錢學森先生曾從相反的方向提出了相同的疑問：爲什麼我們這個時代出現不了杰出人才？後來人們稱這個問題爲「錢學森之謎」。

要回答這些疑問不是件容易的事。與其迅速地囫圇地探尋，不如先多了解那些讓中國近代學術（應該包括人文科學和自然科學）史上閃耀着光輝的大師們的作品和自述，從而在腦海里盡量「復原」他們所處的環境和在那種環境下的心理路徑，從中或許可以得到一些啓示。

有一點是顯然的，這就是他們雖然都已遠離塵世而去，但是他們獨立思考的品性、求知治學的真誠、困厄窮愁中對節操的堅守，恐怕是他們共同的主觀因素，一直影響到現在，而且將會永遠留存下去。

就思想界、學術界而言，二十世紀上半葉是一個新説和舊説碰撞，中學和西學融匯的大時代。那時的學人極爲重視言行操守，同時具備現代知識分子的理想信念；他們的學術研究十分純净，絶少功利因素；他們的視界開闊，以包容的心態和嚴謹的風格造就了成果的大氣與厚重。至於在客觀因素一面，他們實際是在用工業化時代的事實解說着太史公所說的名山之作「大抵聖賢發憤之所爲作」，困厄苦難使得他們「皆意有所鬱結」。這種鬱結，幾乎和個人的名利毫無牽涉，他們永遠不能釋懷的，是民族的存亡、國運的興衰、民衆的福禍和文脈的續斷。

那個時代也是近代歷史上最大規模的中西古今學術調適、創新的時期，學術方法上的交互滲透和融合、創新亦可謂「於斯爲盛」。斯時之學人是要在封閉的屋墻上鑿出窗子的勇士，是使人能夠看看外部世界的第一批導夫先路者；或者可以說，他們是在「意有所鬱結」時「彷徨」和「吶喊」的「狂人」。

相對於那時的哲人們，後來者是幸運兒。現在的形勢是，近三十年來學界空前繁榮，衆多學科有了長足之進，其中很重要的一點是學界有了更新穎、更廣闊的國際視野，似乎接續上了百年前的學壇盛事。但細想想，「古」與「今」還是有差別的。其异，主要不在於世界情勢、學術進展、工具改善這些客觀存在，而在於在廣泛吸收各國優長的同時，自身文化的主體性越來越受到重視，換言之，「拿來主義」已經延長了「拿來」的程序，加上了試用、甄別、篩選、吸收、融合、成長。就我孤陋所見，在當今地球上，面向所有異質文明，努力汲取我之所缺，其範圍之大和心態之切，似乎無出中國之右者。從這個角度說，我們已經超越了前輩。但是事情還有另外一面，學術，特別是人文學科，其職業化、「沙龍化」和功利性，以及隨之而來的浮躁病却嚴重了。從這個角度說，是不是我們已經後退得夠可以的了？而這是不是我們這個時代出不了大師的原因之一呢？

民國學術界的特點之一是極爲注重對傳統的反省、批判與繼承。他們對傳統文化盡最大的努力進行整理和研究。一方面，由於戰亂頻仍，民不聊生，學者們擔起了讓中華文化薪火相傳的歷史責任；另一方面，他們要通過對中國傳統文化的整理、挖掘來重振民族自信心。這一時期對傳統文化進行整理的全面而深入是前所未有的，舉凡文字學、語言學、經濟學、法學、哲學、政治制度、書法繪畫、金石學……規模之宏大，研究之精微，令人嘆爲觀止。

民國學術推動了現代學科體系的建立。在對傳統文化整理和研究的基礎上，吸收西方的文化思想和理念，推動和建立了中國現代學科體系。例如，在對語言文字和音韵學成果進行整理、研究的基礎上開始着手規範之，建立了國語學；深入研究書法、國畫，將其融入了現代美術學科；在廢除舊有學制後逐步建立起小、中、大學較完整的科目和學科體系。

民國學術也改變了傳統學術方式，建立了新的研究範式。以現代科學考古爲發端，科研的實踐和成果使中國知識界真正認識到在實驗、比較基礎上的邏輯分析對學術研究的重要，推進了中國學術的一大演變。至於我們常説的打破士大夫傳統、走出書齋到田野鄉村和市民中進行調查研究、結束了經學時代、以歷史眼光檢視儒學和諸子等等，都是確立新學術範式的努力。這一轉變，也標誌着中國學術界脱胎换骨，全面進入了現代，爲此後的學術發展奠定了堅實的基礎。當然，西方啓蒙運動以來，在「現代性」和「現代化」裏潛伏着的缺陷和謬誤也傳到了中國，這些不能不在前哲的著作裏留下痕迹。這並不奇怪。類似的情况，古往今來孰能免之？猶如今天的我們，誰敢自稱我之所見就是永恒的真理？在這個問題上兩個時代所異者，或許就在昔時大家創立新説或譯註西學著作，往往是懷着對學術和前哲的敬畏而爲之，故而常常誤不在我；當今則往往出於對學問和他人的輕蔑，或以所研究的對象爲謀己的工具，因而難辭主觀之咎吧。翻閲他們的心血之作，這些復雜的狀況可以顯見，可以視之爲我們的一面鏡子。

滄海桑田，世事變幻，歷史的動盪和時代的遮蔽，使當年許多大師的一些極有價值的學術著作被棄於故紙堆中，不能不令人有遺珠之憾。爲此，山西人民出版社不惜以數年之艱辛，披沙瀝金，編輯出版這套近代名家散佚學術著作叢刊，凡一百二十册，計文學、史學、政治與法律、美學與文藝理論、民族風俗、宗教與哲學、經濟、語言文獻共八大類別。所選皆爲作者之純學術著作，無論是其見解、精神，抑或是其時代烙印，都是後輩學人可資借鑒的寶貴財富。他們出版這套叢書，意在讓世人不忘來程，知篳路藍縷之不易，爲民族文化的傳承再增薪木。

出版社的初衷，與我近年來所思所慮近似，故願略述淺見於書端，以與策劃者、編輯者和讀者共勉。

二〇一四年七月六日

改定於自安東回京途中

前言／二十世纪学术大厦散落的珍贵基石

◇李明君

二十世紀前期，注定是中國學術研究跨入現代科學發展風雲際會的時代，它基本上奠定了本世紀學術大厦的基礎。

進入二十一世紀後，當我們站在輝煌學術大厦的頂端，躊躇滿志地回眸近百年學術成果的時候，在大厦的上空，似乎迴旋着一種久已消逝的聲音；在大厦的背後，似乎散落着一些久已塵封的基石——它們，便是一些散佚的二十世紀前期的學術著作。這些在當時乃至後來都產生過重大影響的名家學術著作，一九四九年以後，基本上没有在大陸再版，因而逐漸沉没在忘卻的海洋裏。

七八十年之後，當我們拂去灰塵，重新審視這些散佚的學術著作時，才發現它們的價值是如此的珍貴，成果是如此的豐厚，研究是如此的深入，而傾注的情感又是那麽的深沉。重讀這些經典，仿佛是聆聽這些儒雅的學者給我們講述民國學術的蹉跎歲月，唤醒了我們久已淡忘的歷史記憶。

一、西學東漸與承前啓後

二十世紀前期，西風東漸，中西文化交流擴大，新知識、新觀念大量涌入我國。倡導科學精神與采用科學研究方法，不僅衝擊了中國原有的知識體系和思想觀念，更爲現代學術思想的更新和研究拓展了空間。

這一時期的學術研究集中地體現在繼承、清理傳統學術的「承續先哲將墜之業」和「開拓學術之區宇，補前修所未逮」（陳寅恪王静安先生遺書·序）兩個方面。學者們既是傳統學術的繼承者，又是現代學術的開拓者。

二、清理拓荒與學術奠基

辛亥革命之後，社會文明進步，文化教育普及，學術研究也力求使高深的學問向普及的大衆化知識轉化。故而，其時以基礎的和通論性的著作爲多見。

例如，邵鳴九的國音沿革六講、胡以魯的國語學草創、羅常培的國音字母演進史、吴貫因的中國文字之起源及變遷以及王力的漢字改革等即屬此類。

而論點集中的專題性論著，如王力的南北朝詩人用韵考、王光祈的中國詩詞曲之輕重律、白滌洲關中入聲之變化等，則以其研究深入和範疇擴展而更有價值。

這些學人以杰出的膽略、識見、才華，以及對本學科知識的通體了解，破除成見，大膽創新，開創了二十世紀學術發展的新局面。

三、學出多門與新式教育

這些學者們知識豐厚，見解獨到，憑藉着傳統文化的根底和新鋭的西方現代學術觀念，意氣風發地縱横文壇，在多個領域都有建樹。

他們大多具備深厚的國學修養：如夏敬觀爲清光緒年舉人，工詩善詞，兼治經學。盧冀野是曲學大師吴梅的門生，錢玄同爲國學大師章太炎的弟子。

而新式的學校教育和出國留學則直接學習西方科學的理論和方法，爲中國的學術研究注入了新的活力。

本編的作者們大多留學於歐美東洋，有過親炙現代學術導師和受現代學術訓練的經歷。如沈兼士、胡以魯、吳貫因等曾留學日本，王力留學法國，周傳儒有過英國劍橋、德國柏林大學的求學經歷，而王光祈則客居德國十多年，於政治經濟學與音樂學多有研究。

這些學者們歸國以後，或執教於高等學府教書育人，或投身於科研機構潛心工作，爲以後的著書立説進行知識的儲備。

本編中周傳儒、羅常培、顧實的著作即是在大學講義的基礎上創作的，白滌洲的關中入聲之變化也是在陝西關中四十二縣方言調查的基礎上撰成的。由於這些著作經過教學實踐和實地考察，因而研究成果扎實，學術含量深厚。

本編不少作者除音韵研究術有專攻之外：邵鳴九在傳統經學、幼兒教育、日本教育、地方行政教育、院校學科管理方面著述甚多；王光祈有音樂、戲劇、美術、國防、外交、政治方面的譯作論著幾十種；盧冀野於古代戲曲、詞曲、詩歌、小説、散曲、舊體詩等方面也著述豐厚。

民國學者知識廣博，師出多門，不囿一業，是一種非常普遍的現象。

四、資料功夫與科學解釋

王國維先生曾説：「古來新學問起，大都由於新發見。」（王國維最近二三十年中中國新發見之學問）掌握新資料，采用現代科學理論研究新問題，是二十世紀前期學術研究的鮮明特點。

民國初年，地不愛寶，考古新材料如殷墟甲骨、敦煌遺書、西陲簡牘相繼出現，爲現代學術研究提供了豐富的資料基礎。學者們充分利用考古新資料和西方現代音韵學研究的理論及方法，使語言文獻學的研究得到長足的發展。

例如，周傳儒的甲骨文字與殷商制度就利用了殷墟考古出土的甲骨文資料，魏建功的十韻彙編資料補並釋則利用了國內外的敦煌石窟、高昌古城發現的古韵書新資料。

而胡以魯采用現代人類學、心理學、生理學理論對語言的發生、變化以及口舌發音的科學解釋，王光祈將我國「平聲」之字與近代西洋語言之「重音」與古希臘文字之「長音」的比較，以及白滌洲采用幾十幅圖表反映關中方言入聲變化規律的研究，都令人耳目一新。

這些學者們在研究問題時采用的資料之豐富、理論之新穎、考察範圍之廣袤、考釋方法之縝密，都是傳統研究者所難以達到的。

五、良好的學術環境與端正的學術風氣

經過了六七十年的時空距離，我們似乎不得不承認一九二七年至一九三七年的這十年，雖然社會動盪、戰亂時起，但卻是中國學術發展環境、學者精神狀態與物質待遇都相對優越的年代。這十年間，中外學術交流頻繁，科學研究興盛，學術成果豐碩。本編作品，基本上都撰成或出版於這十年。

這期間學術研究的繁榮與發展主要表現在以下諸方面：

（一）前輩學者對新學者的推崇獎掖

民國初期，前輩學者對青年學子的獎掖成爲風氣：梁啓超就盛贊清華國學院學生王力的中國古文法爲「精思妙悟，可爲斯學辟一新途徑」。章太炎也稱譽胡以魯的新著爲「精微畢輸，黄中通理，其用心可謂周矣」（章炳麟國語學草創序）。而當時的胡以魯才僅僅是個留日歸國的本科學士。

（二）學術觀點表達自由，學術争論視爲雅事

學術争論是提高保持學術活力、學術質量，維護學術尊嚴的重要形式。學術争論提倡百家争鳴，以理服人。

學者周祖謨針對音韻學研究中固守舊説的現象，認爲「學者求知，貴得其真，豈可專己守殘，隨聲附和」（周祖謨古音有無上去二聲辨·字辨第五）。顧實也以「發明古籍之奧蘊，是正世儒之訛謬」（重考古今僞書考·蔣維喬序）的膽略，重考清代辨僞名著古今僞書考。

學者邵鳴九針對有人視唐代三十六字母與北宋廣韵爲金科玉律的觀點，風趣地説：從周到秦「若説這一千年之中，標準音一些也没有變，姬昌和嬴政竟可促膝而談，相説以解，恐怕没有這種情理」（邵鳴九國音沿革六講）。

那個時候，不僅學術評價實事求是，而且學者之間相互尊敬，有着良好的學術氛圍。

例如，沈兼士就「極爲感謝」李方桂、林語堂、魏建功等人對其「右文説」的專函討論，認爲「諸説均足訂補鄙見之不足」（沈兼士右文説在訓詁學上之沿革及推闡附識），體現了一種學人的雅量。

吴貫因針對拼音字母必將取代漢字的時論，力排衆議，認爲「全廢漢字，前途尚覺遼遠」（吴貫因中國文字之起源及變遷）。現代漢字發展證明他的預見是正確的。

（三）學風嚴謹，資料來源清楚

嚴謹的學風與註明資料來源，是學術品德高尚的表現。白滌洲在著作中附録的關中入聲變讀聲調譜部首索引，是自古以來傳統文獻所鮮見，而現代學術著作不可或缺的書籍檢索構成。

魏建功、邵鳴九、王力等學者在引用他人論述時，均説明來源，標明作者的時代、書名、篇章，對引文亦如實迻録，低兩格排印，以示鄭重。既不掠人之美，又無曲解原義。

（四）學風端正，著述言簡意賅

本文作者曾經統計了語言文字編的八九本著作的頁碼與字數：其中頁碼最多、書籍最厚者是胡以魯的國語學草創，一百四十七頁，頁碼最少、書籍最薄者爲王光祈的中國詩詞曲之輕重律僅四十一頁；而書籍字數最多者爲七萬三千多，最少者則不足二萬。

雖然這些書籍都很薄，但在撰寫中卻用力甚勤：學術内容豐厚，書籍章節完備，文字表述精準，毫無浮滑不實的繁言蔓詞和故作深奥的賣弄之嫌。

面對這些沉甸甸的精深之作，反觀時下動輒幾十萬言的「皇皇巨著」，學術水平的高下自然不難判斷。

六、憂患意識與書生報國

「位卑未敢忘憂國」這種偉大的愛國情懷，每當國家危難之時，無論在傳統文人還是在現代知識分子身上都表現得那麼深沉。

的確，在國難之時，挺身而出，積極參與，是一種非常可敬的愛國行爲。即如中國詩詞曲之輕重律的著者王光祈，就積極參加過四川的保路運動和北京的「五四」遊行、籌辦過「少年中國學會」，是一位熱情的社會活動家。廣中原音韵小令定格的著者盧冀野，抗戰期間創作的中興鼓吹曾分贈前綫將士，起到了鼓舞士氣的作用。

然而，就知識分子群體來説，絶大多數人則不可能奔赴疆場，那麼像明末清初的「易堂九子」那樣，「兄弟戚友保聚一地，相與從容講文論學於乾撼坤岌之際」（陳寅恪贈蔣秉南序），就是一種更爲深重地延續文脈、保存國粹的愛國行爲。即如抗戰期間的西南聯大、中央研究院的學者們，在艱苦的條件下，或考察研究，或教學著述，無疑是一種文人的報國方式。

學者王力就將做學問與抗戰聯繫起來，他説：「前方將士正在浴血苦戰的時候，我們這班文人還安享着國家的俸給，清夜捫心，實在慚愧。若對於國家當前的問題，也不肯本平日所學，貢獻所知，則國家養士何用？」（王力漢字改革·自序）知識分子的愛國真情表露無遺。

而像劉半農那樣在考察方言途中染病逝世，像白滌洲那樣，在家中連喪五位親人之後還忍痛遠赴西北進行考察，不久也因病而逝的報國行爲，就更加感人至深，令人唏嘘。

書生報國，鞠躬盡瘁，死而無悔，是那一代知識分子共同的情操。

七、結集出版與刊物發表

出版印刷的興盛爲二十世紀前期的學術繁榮做出了突出的貢獻。民國時期許多優秀的學者如張元濟、高夢旦、王雲五等相繼入主出版，更多的學者如胡適、胡愈之、沈雁冰、葉聖陶等參與編輯。他們氣度豁達，慧眼識珠，出版專著，創辦刊物，編纂文庫，結集叢書，使許多學術新見解和研究新成果得到了及時、多元的表達，加速了學術研究的發展與傳播。

本編的著作大多初版即爲專著。也有一些學者如沈兼士、王力、周祖謨、白滌洲等的著述卻是先發表於刊物，後來才抽印成專著的。這些抽印本有過學術討論的積澱，水平自然可嘉。

二十世紀初，雖然白話文與新式標點曾遭到激烈反對，但它們還是以明了通暢的形式佔據了民國文本形式的主流。本編的作者們大都能較熟練地運用白話文進行寫作，有時「因欲與引证文字相符合」，而不得已采用文言文時還特地加以説明（邵鳴九國語學沿革六講·例言）。這種爲讀者着想的方法無疑促進了中國學術由高深奥妙向大衆「公器」的轉變。

民國書刊的排列雖因時代新舊交替而横、竪并存，但統一采用新式標點符號，則是學者們引領潮流，與時俱進思想的表現。

撫今追昔，當我們掀開這些泛黄的書頁，看着似曾相識的繁體字，竟萌生出一種撫摸民國學術體温的感動。

他們的貢獻無愧於那個時代，他們的著作堪稱爲學術經典。是以爲序。

二〇一四年五月十五日於三亞學院

作者簡介

胡以魯，語言學家。字仰曾，浙江省寧波人。曾留學日本，初于日本大學習法政，獲法學士學位，後又就學日本帝國大學博言科，學語言學，獲文學士學位。回國後曾任教于北京大學，著有國語學草創一書。該書是作者唯一的一部語言學著作，也是我國第一部普通語言學著作。他是把西方語言學理論系統引進中國的第一人，他的國語學草創第一次爲漢語的研究搭建了普通語言學的間架。

國語學草創序

文學士胡仰曾自日本帝國大學博言科得業歸著國語學草創十篇本之心術比之調律綜之詞例證之常言精微畢輸黃中通理其用心可謂周矣夫含識之類形有躁靜故言有舒促莊生論天籟極之旦莫之所繇生語學之精莫過此者若乃建類一層根枝相生一嘀一吱地俗更變雖形相有殊所範圍而不過者分利不可以叚借也余鄉者病世人滅裂自喜字母等韻六書略例皆所未達苟欲鄉壁虛造以定聲格成简字輒私鄙笑之嘗爲聲韻對轉之圖撰次二十三部補東原據約所未備而仰曾綜貫大秦

驢脣之書時時從余講論獨有會悟今見其書乃爲比合音理別其弇舒音有難喻以珊斯克列及羅甸文參伍相徵令古今華裔之聲奄然和會斯治語學者所未有也仰曾之言曰中夏幅員遼闊方語不能無小殊猶南歐諸國同出羅甸而言音往往別異不失同歸之道所以發揚國語之具者曰語言之成無過綜合分析二端以綜合成名者希臘印度爲最上以分析成名者惟中國爲完備西方英語亦近焉故佗國所云三性涉于宗教迷妄者中國皆能霩淸無餘其長一也嬰兒之語先動詞後名詞蓋客體先現而主觀次之有從此例以成排列者其語言皆非進化者也上世國語亦有次弟顚到者若云室於怒市於色野於飲食漢魏已來

滌除殆盡而佗國皆不能比其長二也卽音而存義者地逾十度時越十世其意難知也卽形而存義者雖地隔胡越時異古今其文可誦也夫夏人之性以保守名然語言文字賴此形象不易得以通達翻譯訓故皆省焉不齊而理至繁而簡其長三也若夫音以表言言以達意舍聲音而爲語言文字者天下無有宙合之文皆龤聲矣雖中國固不能出此類例是以六書旅陳而龤聲者什有七八或云中國字皆象形斯則誣妄之論已余聞之偉其比校中外密栗邃深以爲江戴錢孔諸儒亦旣運而往矣今異域交通殊語瓌音粲然畢效繼是以後殫精窮貫以爲國語歟靈舒光者非仰曾誰與賴焉邇者以統一語言有所發舒古之正音存于域

中者洋洋乎其惟江漢大鄂之風其侵談閉口音宜取廣東音補苴之異時經緯水陸之交湊于漢上語音旁達天下爲公今者考文正讀宜逆計是以爲型範斯余疇昔所持論而仰曾亦有取焉既擂其大旨乃爲敍錄以告國人治語學者仰曾名以魯初習法政于日本大學得法學士心好言文復游帝國大學以博言科授文學士云中華民國二年一月章炳麟

國語學草創目錄

國語學草創

胡以魯未是草

第一編　說國語緣起

感歎詞起源論 Inter-Jection Theory

言語心之聲。精神動作之自然產物也。最初之發聲。自然之聲。即對於自然界戟刺之反應作用也。對於戟刺之反應作用。神經主之。神經感受戟刺。不安而失其平。萬物皆有求平衡之自然傾向者也。動物亦然。不安於其不平也。乃假發聲機關以自鳴其不平。故最初自然之聲。不平之聲。不平而反射之聲。質言之則感召之聲也。此時爲發聲之內容者爲感。感爲凡有神經者所同有。故爲感所召起之聲。亦大略相同。雖然感者意識之過程。猶不成爲表象也。言語乃音表象與意表象之結合。故應感召起之聲不得謂之言語。欲加之名。則聲氣耳。

太古之時。人類之心身。與自然之景象。皆漫焉不加修飾。蠻烟瘴霧。洪水猛獸

語言進化論

等天災地異於斯爲烈。人處其間。穴居野處。無爪牙以爭食。無羽毛以蔽寒。以渺渺之身。處多難之境。成育之期。又獨長於他動物。於是不得不慘澹經營。相依爲命。此共同之經營人猿所以同祖而歧系也。人類之進化也由是。言語之發起也亦由是。

最初之共同經營。無非相結以抗禦外界耳。故恐懼警告歎息之聲。於元人爲最多。卽今非洲南美諸土蠻之言語驅於喜怒哀樂之情。苦痛怵惕之感。發爲感歎之聲者。猶甚盛也。不惟土蠻。卽開明社會中當出其不意感情難制之時。亦仍用感歎詞別爲一語以鳴其不平。

吾國語感歎詞之特異

此種發聲所謂人籟也。發之於自然。不加思索。然則人類發聲機關略同。當其發之而成聲也亦宜其似矣。乃印度日耳曼 Indo-german 語族所記傳之歎聲。大抵（唉）（呵）等開口之聲（Ah Oh 等歎聲猶沿其言語史加有氣音亦可見最初發聲之爲聲氣矣）而吾國則（吁）（呼）等閉口之聲。傳至於今。書籍以尙書爲最古。而開卷首以（粵）字粵者閉口歎詞也。其中所載咨嗟吁已等音。亦大抵閉口。降至禮記檀弓一篇。其

天籟地籟

述歎詞也亦不外噫嘻呼吁之聲。尙書之時世。固猶未確定。記傳時世言語夙已發展。其所述歎詞固不得卽謂爲感召聲之代表。然歎聲之表示於文字也。必以其近似。（歎詞皆無義解但取其音故也）而言語雖發展歎聲亦非易變者。蓋自然異於造作。心理不易變化也。故開口閉口之差。可得爲之斷言者。

雖曰人籟亦與天籟地籟相順應。卽由風土山川之不同。自有侈弇舒促之異也。吾國民族之由來雖猶無確據。西南幽谷地土民之用語。比較爲最古。則文獻足徵也。今之山西人其言語固多弇聲。歎聲亦促口而呼。吁氣之聲尤多。蓋猶中原舊音與。秋水篇（仰而視之曰嚇）項羽紀。唉豎子不足與謀。以嚇唉等舒聲爲歎詞。至是方見於紀傳則南方之音也。南方今日亦以發揚之聲爲感歎。雖交通之後。略相融和。而風土山川之差起人籟之異。近徵諸一國。亦劃然不爽也。

要之人類有以歎聲爲發表其感情之一時期。而吾國中原土人則以弇聲。隨感發聲。因聲擬字。文字本體雖未必確爲聲音代表而其相去當不甚遠。且古

發聲期

⚪摹聲法

所舉例述章炳麟先生所講謹附識下做此

人文字全爲表音之具，而歎詞尤取其近似，可推測而知也。此推測而不謬也，則吾國語言當未成其語言之時，卽感召發聲之時，已特異於他語族矣。此（于于）發聲期爲言語紀元前之一時期，謂之發聲時期。（歎聲有二種，如嗚呼噫嘻之疊韻則已加人爲，在言語發展後矣，非此時期之發聲也。又當別論。）與是同列而稍進者爲摹聲法。(Onomatopoeia)感有所受，於是因所感而起摹倣。卽以其所經驗物體自發之聲或反射之聲，假爲物體表象也。發聲之中含有表象，則已具徽徵之性質矣。然此時所發之徽徵，不得卽謂爲言語。蓋其聲雖爲其物之代表，而代表與被表之間，仍有必然之關係也。（卽足）而鳴者呼之曰雀，（錯錯）而鳴者呼之曰鵲，（亞亞）者謂之鴉，（岸岸）者謂之雁。駕鵝則以（加我）而得名，鴝鵒則以（磔格鈎輈）而得名，皆以其物之聲爲其聲之名也。不惟體詞也，用詞亦有之。用詞之假聲則由其物體動作之反射。如用口吹噓，其聲（吹吹）遂名此動作曰吹，以手擊物，其聲（丁打）遂名此動作曰打。原始用詞大抵動作之徽徵也。假自然之聲爲徽徵，假徽徵爲事物意景之代

吾國語摹聲詞之特異

表。凡此諸名皆發生最早。而吾國語當發生時已自有其特色矣。

既云摹倣。則所摹倣之物聲既同。摹倣聲亦宜其略同矣。然人心不同。精神作用各異。發聲法亦受其影響而爲特別之發展。其差異之著者。則如印度日耳曼烏拉爾阿爾泰 Ural-altaic 諸語族皆以多節之音聲爲摹倣。而吾國語則常以單節。多亦二節而止。而二節之音聲亦大抵由雙聲（例如鶻鵃）疊韻（例如鴐鵝）而成。此特色也。然語言發起後曾經此一時期。則各族皆同。稱之曰摹聲時期。比諸前期已有音之表象及摹倣的意之矇矓表象矣。雖代表與被表之間。殆猶一致。而其爲思想交換之具則已稍稍明瞭。曰吁曰嗟。殆無何等之意義。爲苦痛爲恐怖爲哀爲驚。皆任聽者之經驗有以自辨耳。至摹聲法則以所摹倣之物體爲經驗之準繩。卽今之音聲表象得想像其物自發之聲音或聯想其物反射之聲音。有聲音之表象。更有若干之意景。至此時期。言語胚胎矣。

然此所謂意景者。猶不過茫然經驗之想像。非真意之表象也。所謂音之表象者。亦仍不過物體自發或反射之音聲與物體相關聯者也。必然之徵。徵。摹擬單純之物體或簡單之動作而止。而世界之物體非皆有特別之發聲。世事之動作非皆有特別之反射聲足以擬別也。縱能別之。而吾人所思之事物得假言語爲表彰者。又決非摹倣之聲所能盡也。誠哉此不足之感。元人（言語不具之人假稱之曰元人）亦已覺之。故摹聲之法無幾而更代之維何。在吾國語則發語詞也。發語詞與發聲異。其所感之情輕。其發之也亦非若歎息之重濁。蓋呼喚警告之聲耳。猴有啼聲。不摹倣之而呼之曰〔爰〕則呼者自發之聲音。所謂發語詞也。以〔且〕呼狙。以〔隹〕呼雌。以〔渠〕呼虡。且隹渠皆發語詞也。（詩狂童之狂也且。且發語詞也。古鐘鼎往往以隹爲發語。隹即今之維也。渠通遽。俗作詎）不寧惟是。物我之意景起。自稱曰我。我之轉曰義曰儀。皆發語詞也。（書義爾邦君。詩我儀圖之）對稱曰爾。爾之轉曰乃曰若。亦皆發語詞也。親疏之感情起。稱長者曰兄。（兄即况。詩倉兄）稱西方外族曰羌。亦皆發語詞也。此但舉紀傳足徵之諸例耳。其他紀傳中雖不可見。音聲上得視爲發語詞者。亦復不少。例如父母二語之古音與印度日耳曼語族稱父母語之首音相似。蓋孩提之童開口

◎發語詞

所舉例引述章先生

外界

實德業摹倣

呼親殆有出於自然者。要之使用單純之騷音辨別物我親疏之間者爲最初自發之聲音。以自發之聲音爲事物之徽，徵使此一定之聲音與特種之事物成連結，言語卽胚胎於是矣。比諸摹聲，更有確然之我觀入代表與被表之間而爲之主動，無復必然之關係矣。設以時期區別之，此亦一時期也，稱之曰言語胚胎時期。

雖然，此聲音與事物之間脫離必然關係之第一步也。雖非復摹倣自然之聲，而聲音表象與事物表象間若尙有幾分足以聯想者，如自稱曰我，若有自尊之意景，對稱曰爾，若有警告之意景，父母兄之聲音與親愛之父母兄之間，羌之聲音與羌人之間，皆有足以聯想者。且發語詞亦過簡而有限，以漸就進化吾人複雜之思想，究非此區區者所足以表示。思想趨於複雜也，對於事物之摹倣力亦複雜而進步，遂不止聽覺摹倣感情摹倣之一端。

吾人外界之事物，據印度勝論說，不外實德業三者。而三者不相離。表實之名以德以業。誠哉，吾人所用言語之中，探究其語源，必不出德業二者之中。（表實之語謂之體詞。表德之語謂之狀詞。表業之語謂之用詞。是等輾轉司語言關節之職者謂之節詞。所謂詞品有是四者而歎詞不與。蓋歎詞不過假他詞以表其聲音耳。是爲語言四面。詳見後）蓋語言者。對於實在事物之表象。假聲音之表象以摹做其德業二面中之一面。藉以表我對於此事物全體之思想耳。然而二面中摹做何者。全出於摹做者之自由。卽就二面言。各面中尚有諸多之點。在德有性質形狀分量等。在業有動靜因果功用等。於此諸多點中攫取其一以與聲音表象相連結。則爲語詞。語詞者。卽對於某事物之某思想而以某聲音代表之之謂也。然事物諸點之中何者得以代表事物之意景。固無定也。表彰某思想當以某聲音爲代表。又無必也。

內範外範

雖然某事物之意景攫某點以代表之矣。對於某事物之思想假某聲音以代表之矣。名學家言偶然者必然之偶然。當其命名之時。當非全無關係而使音意之間貿然連結也。言語之產雖曰自然。然此所謂自然者。指精神動作而言。既有精神動作爲言語之動機。則對於其連結之關係寧無心意作用於其間耶。

亦必緣命名人當時之精神作用取其關係於事物某面之一點而使之連結者無疑也。此點見地之差．卽各民族心意作用之差。此種心意作用．卽形成亨抱而的氏 Humboldt 所謂內範 Innerform 者也．內範者．對於言語之外範 Outerform 而言．各民族心意作用之範疇也。由是內範之不同．乃生各民族着眼中心點之差異。各國語皆各有其特有之內範．吾國語大抵一節．多亦不過二節。以有限之音聲表豐富之思想．其間相應尤爲微妙。而其文字由音形意三者而構成．言語內範．探究亦易。文字研究．別著於篇。茲先就以同音或相似音之展轉發展語意．及以雙聲疊韻之展轉發展語意者．探吾國語發起之蹤蹟。

語素

欲以音聲研究國語之緣起．當先審音聲本體之爲何．幷若何構成吾國國語者。構成語言惟一之原料卽肺臟所流出之空氣．肺臟者人身空氣製造所．語言原料所由出也。因其種類容量共鳴器調節機關等之差．乃生種種之調節。Articulation 此有調有節之聲音．加以意義．則爲言語。

音素　**氣**

聲門廣開．肺臟中空氣自然流露謂之氣。Breath 聲門閉塞．聲帶密切．氣經

聲

聲門．使聲帶振動則成聲。Noise 氣經發音機關之調節．則爲溪透徹滂敷清穿曉諸氣音 Aspirata．以羅馬字表之 K' t' t'．p' fh ch' ts'h 等大略同也。聲經

聲音

發音機關之調節則爲聲音。Voice 聲音又因聲帶密切之度．及聲門閉塞之度而有差。此差之生．細佛氏 Sievers 所謂壓力 Druckstrom 所致也。壓力

清音

大小．乃生清濁。以發音機關若爾之狀態．作若干之狹度．加以若干氣息之壓力而爲清音。Tenuis 見端知幫非精照影心審 K t t．P f ĉ ts．i s sh 等

濁音

是也。以同一之狀態作致氣息於其內。壓力因作致而粗弱．是爲濁音。Mediae 羣定澄並奉從牀喻邪禪（g d d．b v dj dz y z zh）等是也。由是更進內而作致之。壓力愈弱．氣息通過聲門之際．略帶鼻腔之共鳴。則爲疑泥娘明微匣來

重濁音

日（ng n n．m w hh r g）等聲。是蓋壓力已極薄弱．懸壅垂 Uvula 仰起．聲之一部上通鼻腔．Nasal 其音重濁矣。

是由音質而分也。更就發音機關觀察．當聲氣經過口腔之際．障其經過而調

調節機關

節之者。發音機關之妙用也。調節之機關不同。聲音又得類別之如下。

顎音

以舌之後部隆起於口蓋障其經過則爲顎音。Guttural 曰見溪羣疑。

舌頭音

以舌頭伸突於齒之背後。卽口蓋之前部則爲舌頭音。Coronale 雖然曰齒之背後。曰口蓋之前部。亦有種種之點焉。

裏音

突其最裏部曰知徹澄娘。稱爲裏音。Zerebral

前後舌端音

突於齒齦之上而稍屈者曰端透定泥。稱爲前舌端音。Alveolar 突於齒齦而發者謂之後舌端音。Post dental 突於背齒而發者謂之背齒音。Intro dental 精淸從心邪及照穿牀審禪是也。

輕唇音

自是而外。上齒與下唇相切。或聲或氣流露於其間。則爲唇齒音或曰輕唇音。Labio-dental 非敷奉微是也。

重唇音

翕兩唇以障聲氣之經過爲兩唇音或曰重唇音。Rein labial or by labial 幫滂並明是也。以上就舌頭對於口蓋弓及齒牙諸點之隆突作用言也。

卷舌 彈舌

其他卷舌而抵諸口蓋則發來（r）音。彈轉於齒齦則發日（Z）音。前者名其舌之形曰卷舌。Inverted 後者名其彈轉作用曰彈舌。此口腔內外部分之調節也。

喉頭音

顧猶有不及口腔壓聲氣於喉頭而發如影曉喻匣者。是爲喉頭音。Laryngal

韻紐

以上或就音質或就發音機關而類別者．皆以有所調節而分。既經調節之聲氣則韻紐也。韻古曰均．經喉顎舌齒脣等諸機關所調勻之音也。紐者．代表同

音素分析表

	清	氣	濁	重濁	清	濁
顎音	見 k	溪 k'	羣 g	疑 ng		
前舌端	端 t	透 t'	定 d	泥 n		
裏音	知 ṭ	徹 ṭ'	澄 ḍ	娘 ṇ		
兩脣	幫 p	滂 p'	並 b	明 m		
脣齒	非 f	敷 fh	奉 v	微 w		
後舌端	精 ĉ	清 ch	從 dj		心 s	邪 z
齒背	照 ts	穿 ts'	牀 dz		審 sh	禪 zh
喉音	影 i	曉 h	喻 y	匣 hh		
卷舌				來 r		
彈舌				日 g		

類語頭音之類首也。被梵語輸入之影響。肇分音類。然以國字單節不可分之慣習。語音亦就其首音相同者類別之而止。然則雙聲字首音同者皆同類也。一箇音內之成分素未嘗分也。故喉頭彈舌卷舌等統如梵語歸於韻紐。不如印度日耳曼語族別爲半韻。雖然此歷史上觀察也。就音聲學上觀半韻不過

音渡

音渡 Glide 耳。韻紐之外固不必別爲半韻也。爲表韻紐。以音質發音機關爲準排列之。

羅馬音標之不足

於單節語音之中分析其語頭音而研究之。此吾國之所無也。乃假羅馬音標而爲之。雖然羅馬音標非爲吾國語而設。欲假之以完全表示。殆不可能。故如溪透滂等羅馬音所無者表以K' t' p'. 以示其壓力較K t p 等氣音爲尤強也。裏音下識以點。微表以w以示其在w與v之間。日表以g. 以示其在r與j之間。

表所示諸韻大抵但作語頭音。惟K' t' p' 亦作語尾音。所謂收聲也。Auslant

破障音

印度日耳曼語族之發k t p 也。聲氣一障於唇舌便得自由經過。稱之曰破

障音。吾國之K t' p' 語尾音則不然。一閉不復能通過．乃急遽發洩其音聲。破

閉障音（入音）

障音由閉瑣與破裂而成．而茲但有閉瑣．然則謂之閉障音可乎。以k' t' p' 作結．截然無餘韻．是即所謂入聲也。

摩擦音

聲氣之發也．唇舌障之而不緊。經過之際得摩擦而出．則如 h ng g．s z sh zh r．n t．d．w f v m 等所謂摩擦音者是已。此中鼻音 ng n m 亦有以之收聲者．以 m 收者曰唇內鼻音。以 n 收者曰舌內鼻音。以 ng 者曰喉內鼻音。摩擦之於喉頭或唇舌．而使其一部通過鼻腔以收聲也。不明以一音聞。使語音鼻化而已。梵語所謂隨韻者此類也。

鼻音三內

節音

聲而不被障礙不受摩擦．得以自由發出者謂之音。音者元音也．未經何等之調節．但以口腔爲共鳴空間．隨口腔之大小爲高下者也。自能成音以表語意。得曾經顎喉舌唇齒調節之音（卽韻）附和節湊之．成種種節音。語言以完。

發音

元音之種別．高下爲之。元音之高下則口腔之大小。卽舌頭向口蓋隆起之差也。隆起舌之後部而發音爲泰。稍前爲隊。更出而突起其前部爲支爲至。此等

音論 古韻今音

元音古所謂韻，亦如紐然，以之作疊韻之代表耳。音之所以爲音處，無從知也。玆欲分析而得其元音，亦惟以其所爲翕之音表，以羅馬音標。以 a e ĕ i 等當之。由 a 及 i 唇漸後向舌漸前隆，口腔空處漸小漸前音乃漸就明銳。次圓撮其兩唇舌漸後隆，發上四音，則爲歌侯之，卽 o ŏ u 是也。此時音漸後響而圓籠，乃漸就沈鈍，又以兩唇作橢圓而噓聲，爲閉口之魚音(ü)。以 i 及 u 與 ê 及 ô 之折衷位置而發兩者中和之音，則爲幽宵，略如 û ö。所謂韻者，如是而已。論韻之書，以聲類爲嚆矢，已散失而不可理。後出者獨有廣韻爲後世韻學之宗。顧炎武氏作唐韻正分韻爲十部。江永氏作古韻標準分爲十三部。段玉裁六書音韻表分十七部。孔廣森詩聲類分十八部。王念孫分二十一部。愈降愈多。精則精矣，然不知平上去入不過長短廣狹之差。以收聲爲陽聲，亦加入所謂韻者，則更病在不知分析研究，徒取其疊韻而均分之故也。

詩序曰，情發於聲。聲成文謂之音。箋云聲謂宮商角徵羽也。聲成文者，古宮商上下相應。按此所謂音卽後世所謂韻也。（顧炎武氏亦云）宮商角徵羽卽 o a e i u

之聲。發而有口腔以共鳴之。則成文矣。卽爲音矣。詩箋所云雖未必確有是意。作如是解。方盡音之真義也。未經調節之音。所謂口腔大小之差者。乃凡用有節言語 Aticulated speech 者之所大同。所不同者。o a e i u 之外拗雜之音耳。

變徵（重音）

如吾國語音中之 û ü ö 等變徵之音是也。然既曰變徵。已非純粹元音。乃爲元音之所雜糅者矣。實則所謂二重音三重音者此也。吾國古昔語中多二重音三重音。不難想像。卽如泰音上古殆發如 tai 如 taei 無疑。後則單節語得勢。乃同化於單音 a 而爲去聲耳。晚近且有由入聲而轉爲去聲者。去聲音語益多。乃又有延長而爲二重音三重音者矣。今之北京語其顯著者也。

析音表

魚幽宵等音表以 ü û ö（：）（＾）等音符。固昔日之獨立一音而漸摩翕合者也。觀今日（宵）之北京讀音已析而爲 iao 逆而推之。所謂變徵之音上古皆曾爲二重三重者。未可知也。

要之音之中泰（a）隊（侈口 e）支（弇口 e）至（侈口 i）與歌（侈口 o）侯（弇口 o）之（侈口 u）純粹元音也。魚（ü）幽（û）宵（ö）則所謂變徵之音。

殆即二重音三重音之上翕 Steigende 也。
爲作音表如下。
右表利用海爾華爾胥 Hellwarg 三角形
圖參酌之案也。案圖索之。庶幾知音之位置
性質乎。

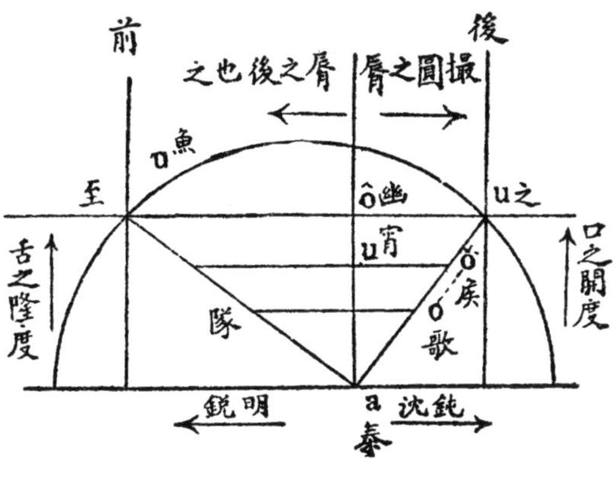

分析研究之必要

語音生活於語句中者也。有語句斯語音方得有生命而有意義。是即所稱爲單節音之吾國語。亦究非一音之徵所能量度其全體。借他種音標論吾國國語。益難得其真相也。雖然以科學的研究。欲究語言之發達。不能不得其音韻而分析之。況若是分析。其能勝於雜駁之類別者。固不待言也。

雙聲疊韻

如是分析之。屬於同一韻部者。謂之同音。屬於同一紐部者。（唐韻稱紐即古之雙聲，音之異同未嘗問也）謂之同韻。同韻而異音者謂之雙聲。同音而異韻者謂之疊韻。知音韻雙聲疊韻之爲何，國語所緣起之音程，可約舉而知也。

古時言文一致說（詳見後篇）

就音韻以究國語之緣起，史事也。史上之音韻舍文字外莫能知矣。而文字非語言也。雖然，節詞之外體用狀等詞見用於今之語言者，大抵與文字相一致。雖廢棄不用而文字猶存，其曾用於語言者無疑也。蓋文字者，代表語言而發達者也。象形象事之文，其發達雖與語言異其途，然象形象事無幾易而爲象聲，且發達而占文字之什八焉。是何因緣，則勉欲與語言相一致欲以文字音聲的代表語言也。不寧惟是，轉注之例何爲而作耶。曰語言異方而殊致，向之文字不足以爲之代表，乃更作他文字以切其方音耳。信如是，則溯之於文字孳乳時世，卽象聲轉注等開例，六書成立之時世。認言文爲一致以究語言之緣起，當無大謬也。

推測古音之條件

雖然，縱曰語言之音見表於文字。廣韻唐紐已非古音。說文云從某聲，而所從之聲亦復變遷，古音殆難確知矣。所可知者，音韻變遷大抵可繩之以音聲學之理法。即出於理法之外。而史上變遷亦有文獻足徵耳。

關於古音諸學說

就音言。顧炎武氏謂古無廱部。段玉裁謂古無去聲。此其言雖無確證。然古代歎聲亦且弇閉則侈放之音或非古中原之所有未可知也。近有黃承吉氏定古音爲曲直通三類。簡則簡矣。奈語音流轉多不依據本部。往往旁轉對轉。對轉得由音聲學說明之。而旁轉則未必盡然。如發音作用複雜之aou往往移轉於簡易之ei。音聲學理法也。而乃實際上有反之者。故音之中至今但得一古無侈音之想像。外此惟遵古韻後身之廣韻。考徵不足。舍此殆無他道也。

關於古韻諸學說

就韻言。古代有重唇無輕唇。有前舌端而無裏音。有齒背而無後舌端。錢大昕氏言之。娘日二紐古皆泥紐。而喻紐爲古所無。章炳麟先生言之。

諸說補徵

此其言有可得而證者。古音大抵重厚之音。不作瑣碎之聲輕細之韻也。後世社會趨於文弱。思想趨於複雜。表思想之具亦以種種調節繁分細別之。於是輕細之韻起矣。蓋亦自然之勢也。雖然曰自然之勢。猶未普及於吾國也。輕唇音喻紐或共有之矣。娘日二紐則福建廣東之人仍發如泥紐。福建人之發襄音且仍如前舌端也。至混後舌端爲齒背音。則更大部地方通病矣。蓋廣韻唐紐宋吾國全部音韻組織而類列者。固非通國所共有尤非一省所獨具也。無與是音韻相應之機關。卽因古就簡而不別。此古韻之別所以六列而止也。山西人聲陽唐等侈口之音。閉窘出之。廣東人聲入聲也。急促而簡截。唇內鼻音仍分明以唇收。凡是蓋皆古音之僅存者與。

輕唇音昔爲重唇音。旁觀希臘亦然。新希臘之輕唇字母。皆由重唇變遷者也。更證之以譯例。史記冒頓匈奴語白軋都耳 Baghatur 之譯語也。乃以冒譯重唇音之〔白〕非無重唇音字。殆昔之聲冒以重唇耳。又慕容者。白楊Bāyang之譯語。據軋督被Grube氏之研究慕容者安富尊榮之意 慕之音亦通作重唇之白矣。凡是固不過旁證耳。然古人發音機關簡單。而所發之音重濁。是殆諸語族之所同。而亦音聲學之理也。

知徹澄三紐。以舌頭切於斷上 Alveolar 而發者也。舉舌而切諸斷上。殆非卷起舌底尖與之相切不可。以舌底尖抵斷上而障聲．煩難之發音也。稍申卽端透定矣。然則知徹澄諸韻爲簡易古音之所無．由端透定分化而出者．殆無疑也。

娘紐亦然．使聲之一部通過鼻腔．懸壅垂不得不開。舌頭卽因之較知徹澄尤前延。其切於斷上也抵觸稍緊卽爲泥矣。苟有分化．得非由泥來耶。

至日紐與泥紐之差．更不過舉舌而不卷耳。不卷而彈轉．抵觸斷上．卽爲泥矣。欲不抵觸而發彈舌之音求諸今之福建廣東人且不可得．還求諸發音機關尙未精細分化之古人．誠難事矣。

古中原之音收歛之音（閉口歛氣之音）也。無侈聲。（如麻部）無去聲。多閉障音。（急截之入聲及急促之唇內收聲皆閉障音也）而無精淸從心邪非敷奉微等所謂摩擦音者。蓋曰侈聲曰去聲．皆延長之音．遒歛其聲氣．徐徐引揚之音也。古中原音以短梢簡裁爲特色者。稱鄭聲曰放．而肯以引揚自放乎。觀其多用閉障音也。反之卽可見其不用侈聲去聲也。不惟侈聲去聲爲不用．卽摩擦音諒亦未嘗見用也。何則，欲摩擦而出之，必有若干空間之開度，必有若干時間之繼續，此摩擦音所以亦稱爲開音。繼音也。開音繼音去侈聲去聲，不過程度之差耳。凡是皆非古音所宜有。可一貫而解也。

影紐揆諸印度日耳曼音標爲半韻，而實二重音之上翕。猶至音與支隊泰歌侯之諸音相翕也。其讀音略如拉丁字母i之在語頭者，而與y異。兩翕音之翕合也，在於喉頭。而親和力則壓力爲之也。壓力弛緩斯爲喻韻矣。本居宣長氏喉音三行辨之論假名〔也〕行也。曰〔也〕本〔伊阿〕之翕音，非如今日之所讀也。今讀如也〔y〕翕音之墮弛以後者耳。是亦喻韻由影韻分化之一旁證也。

語音變化之少

由是觀之，影喻二重音也，特不過於喉頭翕合之耳。即曉匣亦不過着氣音之色，假喉頭爲作用之所，位置上稱爲喉音，性質上非喉音也。就性質言，則音渡 Glide 耳。

古音之條件，就今日研究之所得，如是而已。信如是，則韻不過由六分化而爲九。音更不過弇侈之差耳。然則比諸他語族激劇之變化。其差蓋甚微。蓋吾國語世所稱爲單節語者也。就一般論單節亦事實也。一音一意居吾國語之最大多數。舍此一音外意無所寓音乃勉自保持其名價 (Value) 而不失其精粹。Essential quality 故他語族之發展求明瞭也固有語不足。乃假特異者以益之。而吾國語則不然。不能過多於單節。又不得脫棄其固有。故發展亦緣其近似。而無激劇之變化。故研究古音探國語之緣起。但審若干之條件而已。猶易爲也。況代表音聲以木强難變之文字。形在音亦無大變。足爲研究古音之好資料乎。

語意之起緣於德業說

雖然以文字研究語音史便也。欲以之研究語意之緣起則不便。吾國文字之緣起。象形象事之文。本不過一種繪畫也。表實而已。就語言學之研究。語意之緣起。先以德以業而不以實。故表實之字。無從審語意之所緣起也。語言爲精神動作之產物。而精神動作之動機。緣於感官受外界之戟刺。故語言之初緣於感官。感官之中聽覺之摹倣尤先。則又可從感歎論 Interjection theorie

而知之感歎論。假定感歎爲語言之始者也。然感歎猶未完具語言之性質。真正語言。非應猝然之戟刺作漠然之摹倣而已。乃摹倣靜觀所得事物之表象也。故由意推語源。大抵爲表彰事物上特質或作用之詞。故語言之初爲表德表業之詞而表實爲後。蓋實固緣德業以爲表者也。此在印度日耳曼多節音之語言。其文字猶含緣始之意。易爲解也。而在象形爲始之文字則難。如Navi(船)之名由Sua(泳)之動詞構成。分析拉丁字可知也。羊者祥也。以其難得稱之曰羊。是由德而得名。通人所知也。而其見諸字形也。祥且由羊而構成。後先倒置矣。祥亦羊也。特以其爲表德之詞。乃加宗教的之示旁耳。此吾輩之所主張也。然不自立主意。知所先後。徒依據象形象事之實質部以求語言之緣起。鮮不爲文字所惑矣。吾輩草創國語學以言語學爲根據。而以文字爲借鑑。故對於語意之起源。敢獨斷以表德業詞爲先緣。而以表實詞爲引申。

所緣之音既明。語言之發起可得而論也。

一緣同一聲類而發起。

吾國語大抵單節音也。意有餘而音不足，故同一近似之語意，在字義有辨而語音同者甚多數也。昔王子韶氏創作右文以爲字從某聲卽具某義。如說文勾部有笱鉤等。臤部有緊堅賢等。丩部有糾茻等。皆同一聲類而同義者也。爲是說者猶但據說文之部首耳。不拘拘於文字之形式，古音諒爲同音而義亦同義者尤多。近世阮元氏亦言從古聲者有枯藁苦窳沽薄諸義。今更略舉一二。如契切決缺桀刖等。古音皆 Ket 北鄙殺伐之聲。而亦皆殺伐之意也。弗勿莫沒滅未末靡無亡无毋等。音雖略異韻皆明韻而義皆否定弗辭也。若是以同一聲類或韻同而音畧異以表同意者不少。舍文字而就語言立論，直昔之同語而分化者耳。豈僅同意云乎哉。金勾亦勾，竹句亦句也。絲之緊曰臤，土之堅曰臤，人之賢亦曰臤，文字形式雖別加意部。其爲語則一也。所異者亦後日之分化者耳。觀彼刻物曰契，破物曰缺，以齒切物曰決，切腹曰桀，切足曰刖，字雖別創而語猶沿用一（切）者可相闡明也。弗者，撟舉手也。作否定之態度同時發否定之聲也。又勿亦否定辭，摹倣旗幟匆匆之音而爲之也。日沒曰莫。物沈曰沒。物盡曰滅。木枯曰末。木之盡頭處曰末。皆消極之義也。又披靡曰靡。逃亡曰亡。其雙聲無。其別字无。亦皆消極也。惟爲禁止其辭義稍異，然要皆否定消極之詞，而其語頭音則皆明韻。閉兩唇以作否定消極語，蓋自然態度自然發聲也。亞細亞單節諸國語其弗辭大抵以m爲語頭音。亦從可知矣。不惟兩唇之重濁音也。卽淸音之（不）或（否）氣音之非或丕，以及今所借用濁音之（別），亦不外兩唇否定之辭。蓋其始同語，其後習用處不同乃漸就分化耳。分化之後，吾猶且見其通用也。先秦文獻，其例不少。試舉一二。

不非相通　例　畢弋田獵之得，不以盈宮室也。徵斂於百姓，非以充府庫也。（大戴禮王言篇）上之所賞命固且賞。非賢故賞也。上之所罰，命固且罰，不暴故罰也。（墨子非命篇）

不無相通　例　不一日而無兵（武五子傳贊）不日不月（五風）

不丕相通　例　不曰堅乎　吾不惴焉（孟子）

勿不相通例　愛之能勿勞乎　非禮勿視四句（論語）

靡不相通例　自高辛氏之前尙矣靡得而記云

未無相通例　或問勸齊伐燕有諸曰未也（孟子）

無毋相通例　王無罪歲（孟子）　毋意毋必毋固毋我（論語）

蔑無相通例　雖我小國則蔑以過之矣（左傳文公）

最後之蔑．說文解勞目無精也。狀字而無否定之意。蓋借用字耳。然借用者其音．非其義也。相通諸字．義略同而音相同也。假相同者而通用．不拘拘於字形之異．亦可見古昔之言文一致。而古人用字不過假爲音符而已也。曰罔曰匪表實字也。而乃用之爲否定。尤數見於詩書。蓋亦彼一時之否定語習用兩唇之氣音重濁音耳。通借字之始．往往原於時世地方之方音．繼乃別成一義．方音之差相去究無幾何．故否定辭終不出兩唇。昔日之差更微．從可知也。如彼切契決缺桀刖諸字．古音正同．且彰彰可見本義之差旣若是其微．音又大同而小異。然則必非一時作如許類語殆緣一語而用不同．

伸引

斯音生輕重淸濁之別。而義亦就引伸耳。此吾國語發起之第一步也。更進而引伸稍遠．然其緣起猶可得而辨者．如(爲)今語作爲也。文字雖象母猴。然就語言論．當先有作爲一語．而後以之名好動之母猴耳。一面以作爲名母猴．一面以作爲異於自然也乃引伸爲詐僞之僞。詐僞非眞實也更引伸爲譌誤。文字別製僞譌所以別其音之展轉意之引伸也。名字與動字之差則不變。一面更以作爲常有所爲也作因爲之義．而亦但變其音容．(詳見後) 不別製字。蓋所緣本一語字以別其展轉引伸者．亦應其必須而止也。乍止亡詞因有猝然之義．引伸而爲創始．其字爲作。毛詩魯頌傳曰乍始也．又尙書萬邦作乂萊夷作牧等．皆始之義。因始而有起立之意．(論語三嗅而作) 造作之意。(書作之君作之師)字仍沿用而不變。更以造作異於自然猶(爲)也。乃引伸爲詐．又以始之意而亦爲卽今稱昔之義矣。乃引伸爲昨。此其字形雖經意標之裝添．而其語之所緣者同．亦不難知也。又辡．罪人相與訟也。因訴訟引伸而爲辯論。因辯論而爲辨析辨別。因析別而爲瓜分之瓣。其字雖各有其意標。其音標之部則皆同。卽其所緣同也。

雖然因緣可知。緣端難知也。所可知者。惟德業之名必先諸實耳。此語言學之所研究。既述之矣。據例而言。緣何名一己及同類曰人。則自尊或武力不及他動物之自覺。以仁之德稱也。緣何名死者曰鬼。則如埃及人千年復蘇之迷信。以爲歸自浮世。以業稱也。緣何名在天者曰神。在地者曰祇。則以其伸提萬物之業稱也。古中原荒涼寂寞地也。其風土少變化。其人亦沈靜而善思。故不以宇宙萬物之本體爲崇拜物。思別有創造者以伸提。（參觀希臘亞剌伯之神話可知）其他以顚名天。以底名地。以吐名土。以汎名風。皆以德或以業。雖其中或有後人之傅會。然緣起之途徑。誠若是也。

二緣雙聲疊韻而發起

語意之引伸。非盡如抽稻剝繭。逐漸而起也。有相對相反對而引伸者矣。此在吾國語大抵以雙聲疊韻爲之。雙聲卽同韻異音。語調節機關相同。以口腔之大小著其差也。如對於天而言地。對於陽而言陰。對於古而言今。對於生而言死。對疾言徐。對精言粗。對加言減。對燥言溼。對夫言婦。對公言姑。對規言矩。對褒言貶。對上言下。對山言水等是也。又對長言短。對銳言鈍。古音皆前舌端雙聲也。對文言武。古音皆兩唇氣音。亦雙聲也。

疊韻者。雙聲之逆。同音異韻。卽口腔同形以調節機關之轉移著其差也。如對日言晚。對老言幼。對好言醜。對聽言聾。對受言授。對祥言殃。對出言納。對起言止。對寒言煖。對晨言昏。對新言陳。皆疊韻也。對水言火。古音同在脂部。亦疊韻也。

雙聲疊韻二節語詞

更有以雙聲疊韻表一語。卽聯續以表一事一物者。說文之所連載。大抵屬之。說文而外。如流離。含糊。躊躇。蟋蟀。黽勉。唐逮等雙聲語。胡盧。詰詘。支離。章皇。蹉跎等疊韻語。皆以表一事一物之一語也。然其中相聯之字多爲文字之所無。則又何耶。如籌在說文有[illegible]本字而躇則借音字。說文無此字也。蟋蟀但有[illegible]之本字。悉亦音字。黽勉之黽。唐逮詰詘之唐詰。亦卽借音字也。蓋本無其字而有其音。乃假他字以爲音符耳。就吾輩想像之所及想像。雙聲疊韻，吾國語發起之一程序也。而發起之際或求明瞭，或表丁寧，有用雙聲疊韻爲一語者矣。然大多數固猶單節語也。故小數之雙聲疊韻語爲不適。言語既成不易改變，惟文字則勉力同化之爲一字。而在當時又勉欲保言文之一致，乃取折衷一法以反切切之爲一音。上所列舉雙聲疊韻語，而本字但有一字者，切後之音也。猶恐不爲一般之所認，乃借他字之音添註之。添註者，添註其語音也。果爾則言文背馳，由是始矣。　顧炎武氏音學五書有云，胡盧切爲壺，鞠窮切爲芎，丁寧爲鉦，僻倪爲陴，其例甚多。要皆在語爲雙聲疊韻而在字切爲一字也。文人好弄字，往往舍固有之語而用既切之文。漢末已用所謂反語者，至魏而更大行。爰有不必雙聲疊韻語而切之者矣。如不可爲叵，何不爲盍，如是爲爾，而已爲耳，之乎爲諸（宋沈括之說）也。尤其甚者，切三音爲二字。如私鈚頭爲鵂鶹。（高誘注淮南主術訓）吐谷渾爲退渾。（舊唐書）鄭樵謂慢聲爲二，急聲爲一。慢聲之焉急聲旃。慢聲而已急聲耳也。慢急者，聽聞程度之差。其實蓋二語由習用而縮之耳。故其字皆假他字爲之。以語言爲本

對轉旁轉

位。視彼既切字爲縮音之代表，亘讀作不可。蓋讀作何不可也。讀彼言文諒必一致之古書，如周禮士師五戒，一曰誓用之于軍旅，二曰誥用之于會同，三曰禁用諸田役。亦可讀用之於田役。卽不讀爲之於而爲之於語之縮者不可不知也。而蠁爲蟋蟀，勉爲黽勉，逮爲唐逮，籌爲躊躇，詘爲詰詘亦從可知之特何不不可等易於急切，故亘益或曾見用于語言。（如英語之Can't don't）而蟋蟀黽勉等縮而用者少耳。蓋蟋蟀黽勉乃先天雙聲疊韻語，縮之恐不易知也。語用雙聲疊韻之二節，此在摹聲時期既發起矣。故謂吾國語爲單節者非也。然雖非單節，亦二節而止。二節而又拘束於音聲，不外乎雙聲疊韻。雙聲疊韻爲二節之制限。故二節以上則不進。

茲有宜加意者，雙聲同韻而異音者也。然異音之中有鼻音無鼻音者兼包之。疊韻同音而異韻者也。然同音之中如老幼好醜實際上不相同者亦稱爲疊韻。是何耶。則對轉旁轉之例也。吾國語大抵一音一義，列諸語句之中亦不受前後音之影響，勉保其一己之名價。此特質也。然五方風土不齊，語言之發起不能一致。此社會有一音爲他社會所不能發或不欲發者．乃生方音之差。方音者．起於空間的社會心理與夫時間的社會心理之差。蓋自然之勢也。保持之特質與自然之趨勢相衝擊。折衷調和之乃發近似之音聲。近似者加之鼻音．(謂之對轉者此)別以弇侈(謂之旁轉者此)也。弇侈之別．口腔大小之差耳．訛傳固甚易易．而鼻音亦其相近者也。鼻音雖列於韻．實近於音。其原料以聲爲之．與元音同也。其發也不受何等之障礙．亦猶元音也。其所異者惟開閉之程度。卽元音者純開音也。其共鳴室惟以口腔爲之。鼻音則口腔而外懸壅垂開．其一部假鼻腔爲共鳴室矣．是爲半合音．蓋近於音者也。要之開閉程度之差．應社會之心理冓成吾國之方音者也。

孔氏詩聲類以鼻音收聲爲陽聲．以純音收聲爲陰聲．列爲上下兩行。發對轉旁轉之例。吾師章炳麟更圖示而昌明之．抄其圖而擬以羅馬音標如下。陽弇陰弇陽侈陰侈各爲一列。一部同居相轉謂之近轉．同列而鄰居移轉謂之近旁轉。同列而隔越轉者謂之次旁轉。陰陽相對者謂之正對轉．旁轉而更對轉者謂之次對轉。由近轉近旁轉次旁轉正對轉次對轉而爲雙聲者謂之正聲。五者而外有音轉而爲雙聲者．對正聲則成例外．謂之變聲。凡是展轉而猶同音者．發起之時地不同．所謂方音之差也。如尙書與詩時世不同．詩經中更有諸風之差．彙萃之於一書．乃義同而音差．有所謂對轉旁轉者矣。表

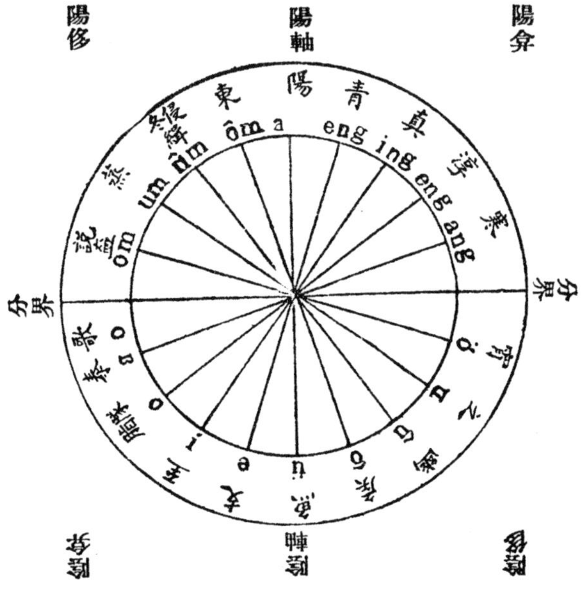

中所據雖爲唐韻．不得便謂之古音。然就一時世爲觀察點而論其差．固有

法有則若是也。如窮在冬部。然詩不宜空我師。傳以空爲窮。則所謂冬東旁轉也。今之語音自湖南江西安徽等外冬東之別亦復不存。窮乏空乏韻雖異而音則同矣。時地方音之差蓋若是也。此種類例章先生國故論衡舉之甚多。別無所見不更述。惟補說明於茲。卽所謂旁轉對轉者。音聲學理所應有。方音趨勢所必至也。雖然。先生之圖作圜轉之則。誠盡美矣。然所謂音轉果一如圖序配列與否。猶不能無疑也。其在對轉也。撮唇之音轉爲唇內。弛唇後向之音轉爲喉內。閉口引唇之音轉爲舌內。此誠音聲學之理也。然其他近旁轉次旁轉得非順序顛倒否。

敢據音聲學之理、擬之如下、以乞教於先生。

三面之發展

緣同一聲類、緣雙聲疊韻而起者、平面上之發起也。果僅是而止者、吾國語之爲國語者、亦太單純矣、吾國語意義豐富之語也。其發達決非一面而止者。側面、對面、反面、蓋三面也。Three dimensions 有是三面之發起。故統體七百餘之音聲、得爲表彰豐富語意之資料。

音之變容

三面者就意言也。而音亦應之而畧異、以上所論之音韻、音韻本體、就發音機關而論者也。音之所以發爲之主動者、爲心理作用。同一音也、心理作用不同、斯音上之着色亦異。名此音聲之着色、謂之音之變容。卽音之高低 Pitch 長短 Duration 強弱 Intensity 銳鈍 Register 等是也。銳鈍大抵緣於生理或社會心理之差。高低長短强弱、則主因於心理狀態、所謂意景也。卽以音容之變化、表意景之不同。猶同一骨格之人、而賦以容姿之差也。此在他國多節語、且往往假爲意景之辨別。吾國單節語、更藉作意思方面之表示矣。意之方面、卽意之職用也、隨句中之位置而定。故舍句不能論語意。音之變容應意之方面而起者．亦必於句中論定之固也。惟吾國語音簡而意富。變容略有定規。定規維何。則高低長短强弱之差．所謂四聲也。古無四聲之名。然自有高低長短强弱之別。其差別之繁．且不止於四。蓋自入聲而外．所謂平上去者。其高低長短之度固無限也。齊梁之間文人陸顒輩．始分四聲之類。其趨旨在於詩律文韻．固非完全規定也。夫分一切文字爲四類．顧炎武氏且辨其爲無理。欲以之範類變遷無常之語言．則更難事矣。語詞生活於句中者也．其處句之職用有輕重之差．或其處句之位置有音調 Euphony 之關係．斯其音有高低長短强弱之別。故精密言之．音聲綜合論以外無從論語詞之四聲也。所可言者．取一語詞假定其在某句上表示某面之意大抵作若何變容耳。音之變容其複雜較本體爲尤甚。假四聲而分之．所謂平聲者其音最長．上去次之．至於入聲．餘音截然。蓋吸入之音則最短矣。高低强弱與之爲反比例。短者高而强．發爲入聲．次第爲去爲上。至長則低而弱矣。所謂平聲者此也。隨意爲轉移．有一語而二聲三聲者。其轉移固無定則，轉於某意，則取某聲，更無定則也。然雖無定則，而為語言所緣而別章者。則彰彰之事實。四聲雖無足取，長短固自有別也。故據音之長短說語言之緣起。然緣音之長短而起者，必同一語之意辨。自又不待言也。

三緣音之長短發起種種之語意

長短以辨詞品

語詞有體詞用詞狀詞之三方面。用詞狀詞先體詞而發生既假定之矣。本為狀詞或本為用詞，展轉而為體詞或墮落而為節詞，（詳見後）則音亦不得不應之作長短之差。如〔好〕說文訓愛而不釋，用詞也。轉而為美好之意則狀詞矣，長讀矣。更轉而為體詞，作孔意，則更長。若是展轉諸職發生諸意，為吾國語之一特色。稱之曰側面之發起。

長短以辨詞用

同一職而為用不同時亦緣音之長短為之辨，如在用詞施受內外之辨是也。公羊莊公二十八年傳春秋伐者為客伐者為主。何休氏註伐人為客讀伐長言之齊人語也。見伐者為主，讀伐短言之齊人語也。長言者，今之平上去聲短言則今之入聲也。即施伐之伐與受伐之伐以長短之差辨也。此類

長短以辨詞義之反正

之例。文獻不概見。至用爲內外之別者則不少。如〔飲〕內用其常。作外用則短讀。如檀弓酌而飲寡人是也。又〔出〕短音自出也。稍長則爲驅出之出矣。正韻曰凡物自出爲入聲。非自出而出之則爲去聲。此類之例今語亦有之。此猶相近之展轉意中事也。而又有積極消極相反。亦以一音爲者。如〔亂〕之一語在亂臣賊子句與夫亂臣十人同一四子書也。而意則一亂一治。〔特〕一般訓爲獨。而詩傳有訓爲匹者。〔介〕原意爲分劃。在理宜引伸爲兩。而春秋傳則以介特爲單數。是等語在後世固但取其一意。其在先秦曾相並爲語言不可誣也。其他苦訓爲快。徂訓爲存。故訓爲今。書傳中且多有之。英語亦有之然是緣於起源之異也如 Incorporate 有積極消極之兩意前者取盎格魯撒遜之前系 In 有益深之意後者取拉丁前系 In 爲否定也然謂爲同音而音容亦同者。則不能測矣。雖曰由語句位置之關係。可無混雜之虞。然位置之不同。已存多少音容之差矣。如伐有施受二義。齊人語有長短之辨。此何休氏之所註也。雖今日皆短讀此辨已不復存。吾輩據音聲心理學窺察語言。毋寧信其爲有也。蓋後世之四聲。固不足盡古音之變容。隨語意之展轉作語音之變容。在古尤屬尋常事。强作四聲以範古音。乃對古詩有不得不收爲二聲三聲者矣。四聲之不完。亦可見也。然則同語而義相反在心理爲不可通者。誠不若信其有音容之變也。

音容之變所以補音之不足。大抵單節之語。欲表豐富之思想不得已也。然長短之差相去寧幾。或舒或促更非甚便也。故可無須音容之變而義可通者。卽不少改變假借而爲之。是曰懸擬。亦語言發起之一道也。

四緣懸擬而發起

懸擬之要

號物之數曰萬。其實世之進也。物之發見者猶不止萬數。有形之物已難於命名。抽象之事物。更無論矣。然對是日趨複雜之事物。猶無甚不足之感者。則語言亦比喩轉移。與之相應也。由物質的感覺的之意。轉移於抽象的以表彰複雜微妙之思想。此語言自然之傾向也。而在吾國語音之發達不及意者。此懸擬之特徵尤爲顯著。

想像之懸擬

如人呼出口氣謂之吹。借以懸擬風之吹。人自陵阜下曰降。借以懸擬雨之降。對於極單簡外界之動作已以一身之舉

聯想之懸擬

動懸擬之矣。稍進則爲想像上之懸擬。見祥瑞之麥以爲其來自天．遂稱人之由他處至者曰來。更進發生知識上道德上之思想或知識道德之關係．則以物質上或感覺上之意義懸擬之。懸擬之特徵至是乃益著。曰思想深遠．曰度量寬宏。深所以度水．遠所以記里．寬宏所以形狀空中之器者。皆以有形形無形而懸擬之也。有形形無形猶云不得已。至思想進於抽象也．卽有形之事物亦假卑近事物之性質而懸擬之矣。如能．熊屬也．懸其堅中之性質以擬堅中之人。懸其彊壯之性質以擬彊壯之人．而有賢能能傑之稱矣。鳳有朋聚之性質者也．懸之以擬朋友。豪有剛直之鬣者也．懸之以擬豪傑。羣羊羣也．以其能羣．懸之以擬羣黨。是猶埃及人懸雌蠭以擬至尊．懸牡牛以擬強有力者也。懸野獸之性質以擬人性．以起人之聯想耳。今則視如固有之美名爲大人物之所爭逐者矣。而其所懸之語源轉且遺忘不以爲意。是則語意之代謝．亦適者生存之原則也。蓋分出比喻語內涵豐富而渾厚。應用於賦頌駢儷等文學上之性質者適也。然語源忘却而謝去。苟所習用者不得不別作一語以當之。仍未便也。故懸擬不足、繼之以類推。類推語者、所懸與所擬之並用而不背也。

五　緣類推而發起

思想愈進於複雜、類推之用愈廣。如〔牧〕牛飼也。其後羊飼馬飼亦用牧。更後撫育人之人亦用牧。堯之四牧後世之州牧是也。又由牧畜擴張而稱牧畜之地卽郊外地曰牧。(爾雅釋地)由官名擴張而稱管理者亦曰牧。禮月令之舟牧是也。雖然、類推者懸擬語之兩用者也。兩用必有傷於明瞭、故代謝之則、仍復流行。思想進於複雜也、類語之範圍轉有反比之縮少者矣。一般之名稱漸專用於特稱、與前之特稱語泛用於一般者、適相反也。語之原意固大抵同種類事物之名稱也。思想複雜、知識開發、斯見解愈趨於精緻、卽不得不縮其範圍。如金者、五金之總名也。有五色之別而無五種之稱。追後各得名稱。金之名乃爲黃金所專有。此猶爲區別而然也。又有慣習上多所使用而獨占種類名者、如〔文〕錯畫也。象交文。〔章〕樂竟爲一章。原意凡

專名擴張

公名獨占

人事類推

人格物品類推

純感情之反射聲

文辭而有一段落者皆稱爲文章。至漢方以上書奏記爲文章。（論衡）自晉而降。惟以有韻者爲文章。（文心雕龍）自宋迄科舉廢止時。則更專指制藝矣。要皆一世文章之自謂。卽多所使用者得勢而獨占公名也。

其他有因緣一事一物而類推及他者。如日以二十四時間一轉。乃稱二十四時間曰日。月以二十九日或三十日一圓。乃稱此一圓轉曰月。稻大抵三百幾十日間一熟。乃稱其間曰年。

又有擬人擬物之類推。如水有面。山有脚。屋有角。樹有皮。其擬人也。花有冠。竹有衣。其擬物也。循是而尋究之。語無限而語之本體有限也。吾國民强於保守性而富於類推力。其表彰新思想。勉欲以同類語言之舊材料爲也。

第二編　國語緣起心理觀

語言。精神活動之產物也。故探究語言當自其胚胎作用之精神活動始。

心理學上最低之精神活動。感情也。感情有主觀而無客觀。故純感情之發表。但有聲氣之反射。感而有外界之認識則爲感覺。感覺由𠛬刺而起。其爲映象

感覺之摹倣聲知覺與語言

猶紛紛也。卽意識界之最初感覺由神經傳入於腦，意識卽直接之。無過去所經驗之記憶爲之聯想。聞鵲噪卽作鵲聲，聞雁鳴卽作雁聲，蓋由此感覺活動，猶未具語言性質也。更進而有知覺作用，經由神經，攖於腦而爲表象，卽初期之感覺留觸痕於腦皮質迴轉物中，以與後來之感覺協同而爲反應之活動。於是關於一事一物之觀念，與該事物現實直接意識相混交，乃生辨別，乃起比較，乃相類推懸擬，而起命名之作用。此時意之表象與反應之而發之音之表象，因經驗而連結，而語言起於其間。

統覺與語言發達

此經驗而爲種種心象間統一作用者，謂之統覺。統覺者，聯想作用結果之總和也。思流 Stream of thought 面上(卽意識)有若干之觀念焉。彼此聯想時，觀念浮動於流面，如泡如波，或起或伏。思流既滾滾不息，觀念之波又起伏無常，於是而欲留波雹泡影之表象，蓋惟統覺是賴也。而統覺之發達轉有賴於語言之象徵作用。設以觀念之波會計於意識界，數目象徵其必須也。而語言之於統覺，猶數目象徵之於會計也。故語言者，精神活動之結果，而亦助精神

語言進化論

活動之發達者也。

雖然．語言之發生非如數目意匠經營而後得者．乃表彰思想應用上之一方便耳。而此所謂方便．更非有預定契約而然者．乃隨使用而成立之一慣習耳。應戟刺而反射．發爲感情之聲．此語言之胚胎也。吾輩既假定之矣。信如是也．則此反射之聲習用而與此感情相關連．使他人聞其聲得知其所感也．此種發聲卽爲此種感情之名稱矣。人心不同．好尙各異．卽處同一團體之人．亦未必盡用同一之音聲固也。第既團聚而居．爲防衞．爲協力．不能不有一若何可以通用之音聲．以收共同生活之事效。雖所謂若何者未定．其所見用者．必其易知而爲一般所認者無疑。蓋亦適者生存原則也。感情發生已如是．人爲之語言更無論矣。卽其發生爲嘗試爲儻來．Method of trial and error 而其生存則適也。適者．適於團體之心理．而儻來嘗試則更有心理上必然作致之原因也。故研究語言發生之差．當於心理上求之。

語言差別之由來

雖然．初等心理卽但有感情感覺發達之時．外界所感．順受之而已。故此時精神狀態於固有心理作用外更得自外界情勢推測之。

吾國語之特色

所謂漢人種者、當其黃河沿岸定住以前、或來自西南之幽谷、或自更西之西藏、固猶屬人種學上之問題。然其曾居於亞陸荒涼地者、可斷言也。非沙漠則幽谷、處四境寂寞之中、慘澹經營、故其發聲所謂于于之聲、閉而不舒。蓋沈吟非高嘯也。荒涼岑寂之感起、則其聲閉塞、蓋亦境遇使然耳。

沈着而單調、吾國語特性也。當摹聲之際、此性益著。聲之摹倣、宜爲諸語族之所同也。所不同者、精神活動之影響於發音法耳。然則以一二節單純之音聲、摹倣外物之發聲者、得非吾國語民族單調沈着之精神作用有以使之然耶。

簡單保守二大心理横亘語言發達史

誠哉單調沈着。申言之、卽簡單保守之二大心理作用、横亘於吾國語發達史者、彰彰事實也。愈發達則其特徵愈著、見於語言者益可見焉。語言、心之聲、摹倣之果也。第所摹倣者不限於聲、其作用其狀態亦摹而倣之耳。非機械摹倣也。意識亦加焉。其意識卽亨氏所謂民族心理之內範、一民族心理作用之特徵也。如以申出萬物稱神、以提出萬物稱祇、以單純之心靜觀萬物也。以仁稱人以歸稱鬼，以單純之心靜觀人生也。攫好動之性稱毋猴曰爲，以沈着之心觀其浮躁之性爲奇特也。以人爲曰僞，以僞事爲易於譌誤，凡聲皆非有沈靜之思不能得也。若文字之註釋果皆國語之眞義，則吾國語之內範其單純而有條理概可見矣。

雙聲疊韻展轉法

縱是等之解釋皆歸諸文人之想像傅會，而由外範究音聲發達之跡，其簡單保守心理猶不容泯沒也。吾國語言之外範大抵由一節而成，多亦雙聲叠韻之二節而止。統計語音不過七百，其中有爲古昔所無而爲後世所發展者，將就表彰其思想者不過五百音而已也。以不足五百之音表彰豐富之思想者果由何道哉。則曰同音也，一音之展轉也，雙聲叠韻也，對轉旁轉也，變容也，懸擬類推也。此吾國語發達之道也。然其中對轉旁轉爲枝節之發達。變容則句中位置上之關係，由注意强弱前後音調而起者，於音之本體上無所差也。至懸擬類推則意之立體的發達，通借其意兼借其音更無關於音之發達矣。

同音者，意語大同之語，吾輩所認爲由同一語發起者也。意分化斯音亦分化。

吾國語之道揆

同一切也、切竹簡與切足區別爲契刖、音雖同而韻異矣。分否定禁止爲弗爲毋、不惟韻異音亦異矣。同音之語、蓋若是其展轉也。展轉云者、保其韻而別以音之大小、或保其音而別以韻之調節。廣義概言之、不出於雙聲疊韻也。特從中有經雙聲之展而兼經疊韻之轉者、斯其起源不可復知耳。然則尋繹若干之端緒以究吾國語所緣而起者、總不外乎雙聲疊韻、其理至賾、其法至簡也。

綜言吾國語之道揆、概念相同、其差不過在範圍之張縮、卽能攝所攝範圍之廣狹者。則位置前後關係 Connex 可得而辨也。卽以同一語爲之。一概念而範疇不同、卽句中所盡之職異。用意之方面異者、則於位置前後關係外更別以音之長短。然其長短之別亦附從於位置者也。故此二者專藉位置爲表見語言實質之概念有差、而語言形式之音不變也。前後關係意義自辨、此語言以心傳心之妙用也。雖然、以云妙用、吾國語殆盡之矣。然混雜之處、則所不免。故實質之概念展轉、形式之音不得不與之俱轉。雙聲疊韻之法蓋應是而起也。

聯想與雙聲疊韻

語言進化

於人心思流面上，波起泡伏，使人生得有意義者，非彼聯想耶。聯想以相近，相類，相對，相反，而繫聯者也。甲聯於乙，乙已非甲，故代表甲之音，卽亦不得不隨其所代表者以變。概念由甲及乙，代表之音卽由子及丑，而甲乙之移轉，以其相關聯也。故其代表子丑之移轉，亦勉求並行於甲乙，而保其關係。雙聲疊韻獨多於吾國語者此也。偶有二節語亦大抵以雙聲疊韻爲者此也。濡滯於雙聲疊韻而不爲逾越之發展者，亦不外此也。　一概念務以一音代表之。聯想上概念之展轉，亦務以音之展轉代表之。此轄於簡單保守心理作用之吾國語特色也。概言之，吾國語發起之道揆，在內範爲聯想，在外範爲雙聲疊韻也。然要不過五百餘音耳。雖經雙聲疊韻之展轉，亦其限也。故吾國語於音意平行展轉而外，但緣意之一方發起者亦復不少。概念立體者也，大抵具形狀作用，具體化之三方面，間且有失卻實質流於形式之一面。（卽節字詳見後）此同體異面之展轉，非聯想比也。故習用上變容而外，卽以同一形式爲之。此在他語族亦多少運用於文學之上，而在吾國語爲補音聲簡單之缺，其用尤多。

然概念經用而變遷者也。使用多而思想又進於複雜。能攝所攝之範圍。漸就廣漠。或物質上感覺上之意義。轉爲知識上道德上之意義及關係矣。此種變遷。吾國語所習見。形式之變化既有所限制。則於形式內容之實質上起弸張。蓋自然理勢也。然實質多而形式簡。心理作用卽比例其弸張而煩者。亦自然理勢也。

語言競爭

於是立體之中。各方面相競爭。變遷後之意義與原義相競爭。競爭之結果。有習用而宜者焉。有經用而敝者焉。

語言淘汰

其中意異方而義殊致之語。尙有帶容變而並存者。(如好之一語愛好好歹二語並存)類推之語。殆但見其新陳代謝矣。(如金作黃金解五金常添五以爲用朋作朋友解鳳之語乃另製)獨有懸擬語以適用之擴張。非概念之變遷也。容易理解。且賦事物以生氣。猶大抵無競爭而適用。要之入競爭鎔爐內經淘汰而去者大多數也。

後天發展之由來

然則內容之弸張失其效。吾國語之本領減色矣。思想之發達進步無已時。保守簡單一節之音。使之爲雙聲疊韻之展轉。或假位置爲概念之轉移。其技又有時而窮。於是保守性不得不退一步而別求他道矣。此吾國語後天發展之所由起也。

第三編　說國語後天發展

國語後天之發展，概言之實質形式之增加，或實質形式之變遷也。實質形式之區別，因觀察之點不同而有三。一從語詞方面（Side）言。二從語詞種類（Kind）言。三從語詞部分（Part）言也。

形式實質

言爲心聲，故言有二面，語音之形式方面與概念之實質方面是也。兩者相爲表裏，不可偏廢。但有概念，不爲音而發表，固非語言。但有音而不聯想之於概念，亦不成其爲語言。音其形式，概念其實質，有聯想爲之聯結，語言乃成。此就語言中之方面言也。而實質一面更有實質概念與形式概念之分，以別語詞之種類。

概念之分化

實質概念有作用，形狀，實體，三方面。概念之本領應有此三者，然發表而爲語也或一方面二方面而止，鮮有三方面者。概言之，抽象語詞能攝之範圍廣，常有二三。具體語詞則一二而止。是蓋具體語詞常爲物質的感覺的，以之表關係上之思想殊欠靈便，故別就分化也。不惟具體語詞也。

語詞之分業

表作用形狀者亦然。兼攝多方，簡則簡矣。後世思想日就精確，語詞亦起分業作用。實質概念其所指不僅一方面者，各從其習用，專就一方。此文法所以有詞品，而近世語詞兼涉多數詞品者所以少也。

詞品

吾輩因語詞概念之所指以別詞品。實質概念所指，據印度勝論說之所謂實德業三者及密斯推利氏 Misteli 所謂起語言的思慮之外界三事情，別爲實詞用詞狀詞三者。（所謂三事情者(一)有物體於茲乃生觀念乃能思慮所謂實在 Substanti (二)增於事物之性質所謂客觀 Objective (三)作用及狀態所謂用詞 verb 亦含狀態者對作用之不作用卽對動之靜蓋消極的用詞也）吾輩以言語爲起於外界之摹倣。故以外界相應之對象作詞品之類別。

實詞

概念於多數思想對象中對於某部分特加之意，抽象之，確持之之謂也。此概念所指之某部分爲語詞真義之所在，故以之爲分類之根據。然類雖三，其包有實質之點則一致也。故綜稱之謂實詞。Fullword 實詞者，意內言外，斯維的氏 Sweet 所謂足以表完全意義之語詞。卽無論自立或與他語詞直接聯合，皆能自成一義者也。然自成一義，完有一語詞之義耳。个个語詞足以表彰一事一物，不足以表彰思想也。欲表彰思想，則不可無聯合語詞之關節。

關節之中有聯合語詞間或句讀間之關係者。有領結語句爲之始末者。要皆語之形式實質概念之所流轉者也。同一流轉而有用意之差程度之差。稱前者爲介節詞。後者爲語助節詞。節詞者對於具實質概念之實詞而言。實質寖微流爲形式。以其實徵亦曰虛詞。Formword 實詞虛詞就概念上實質之有無言也。發生上無不實之語詞。有之其在發展後矣。粗率語言關節詞極少。有之亦假實詞而爲之。或假其義或假其音久假不歸乃爲形式。形式且專作虛詞矣。愈發展虛詞愈多。然其始皆實詞。考徵學家屢能言之也。如由之而爲的。猶底與止所屬之意也。由與而爲和和同之意。於同烏謂烏止屋言其所止。今之虛詞皆昔之實詞也。句讀關節詞亦然。如但（但裼）雖（蟲名）況（寒水）等詞。尤實詞中之彰彰者也。語助節詞以之助語氣卽傳語之神情者。其所假之詞往往假其音而止。殆無何等意義也。神情千變萬化。表神情之詞其變尤不可究詰。方音之差相去亦遠。今所稱爲語助者皆不過音之形式耳。曾有意義與否不可知矣。希臘拉丁等綜合語。其名詞代名詞有位之變化以爲之關節。故無須節詞。吾國語反之。而其假實詞爲關節習用而流於形式也。則猶希臘拉丁之位。漸次分化而爲介詞接詞添詞等也。又綜合語無語助詞。表動詞與他詞之關係。則以動詞尾音之轉換爲之。如希臘拉丁其動詞有變至六七十次而尾音各不同者。吾國語無是。故別假他音以爲助。其發展之途徑雖異。其曾經此一階級者則同也。

要之吾國語詞。就个別言。其始皆具實質者也。發展而後。爲關節。爲語助。或假其義。或假其音。假音者相假之始。已屬形式。固無論矣。即假其義。關節詞其用必多。其用愈多。其加意愈薄。意義消微。流於形式而後止。此語言之實質漸就各方面而分化漸向形式而流轉者。後天之發展也。

詞品分別法

吾輩對於吾國語詞品之分。不取歐西式應用名學之分析法。擬從發生上分之。語言發生本自然發聲與自然摹倣二者。自然發聲語謂之感歎詞。代表發聲之獨立借音語也。無實質之概念。故雖爲詞品。又當別論。（由此點觀察。語助節詞毋乃類是。然語助縱曰形式亦表示用詞關係者。與歎詞之

吾國語中之六合釋

爲獨立純形式者又有辨也。）自然摹倣則因自然界事情不同．摹倣之點亦復有差．對於實德業三者別爲體狀用詞。此等實詞流而爲形式者則爲節詞．就概念言節詞固不過虛詞而止。然語言非概念之斷片．必有使之聯合者．則節詞尙已。若是節詞乃聯合語意而完成之者．別爲一類．亦就發生心理分也。語言發生之始．固無先天之詞品。爲實爲用爲狀．皆由後天之分化。分化而後．且猶有因位置而易其品者。據名理爲分析．徒見其擾。況吾國語概念立體．其能攝廣。位置自由．其所攝廣．更不可以名理範疇律之矣。

以上就方面上及種類上之實質形式關係．論吾國語後天發展也。然方面種類之發展．終不外乎單節之語詞．仍有限也。吾國語於此有一特長焉．則無語尾等細贅之形式．前後聯合得以自由自在．而概念卽隨之爲屈伸綴合語詞得表見無限意義也。世界語文梵語最富．而吾國語次之。梵語所謂六合釋 Shatsamasa 者吾國語皆具有。曰帶數釋 Dvign 如〔四海〕〔十方〕以數目狀詞與實詞之複合．別成一實詞以爲大地之意。曰有財釋 Bahuvrihi 如〔蒼頭〕〔方丈〕〔近視〕狀以特點以稱其人。曰限定釋 Determinativ 則於限定狀詞之外。更假複合詞爲表位之關係。卽無位之形式。不假節詞之助。而以複合表之也。如〔雪花〕雪之花。領位 Genetiv 也。〔園丁〕住園之丁。方位 Locativ〔車夫〕挽車之夫。賓位 Accusativ 也。曰重複法 Iterativ 其用尤廣。其義尤多。如〔來來往往〕不第往來也。亦有常相往來。或往或來。來來往往者。諸義。有表逐次之義者。如〔試一一爲我言之〕。有表强盛之意者。如〔風風雨雨〕。有表進行之意者。如〔行行且止〕。有表切實之感者。如〔唯唯否否〕。要之單節之語。語感 Sprachsgefühl 有所不足。補是缺憾。乃延長其語音。或重複之。以促相與語者之加意。故重複之法。見用尤多。其他曰連置釋。Kopulativ 連置釋中有並立對立二法。要皆複合二語爲一語詞也。並立者。合同義之語。卽所謂儷語者爲一語詞。有如〔谿谷〕廣雅釋爲山。或合意義相近之二語爲一語。別成一義。有如〔典章〕〔制度〕等。並立法亦然。〔上下〕〔尊卑〕言序也。〔長短〕〔輕重〕言度量也。〔緩急〕言告急之時。〔存亡〕言將亡之際也。要皆複合二語爲一語詞.融和其義使之渾厚.或急遽其義使之強烈.以促對話者之加意.或融洽二者別成一義以補語詞之效用耳。語詞複合法.亦吾國語後天發展也。雖然融和急遽.或別成一義.其本義雖減而未嘗消失也。語言之實質有流爲形式之頃向.單節語然也.複合語亦如是。吾國語保守性雖強.亦不能盡免此弊。單節語之末流爲虛詞。複合語之末流則生形式部。所謂部分上之形式實質此也。特吾國語無屈折之例.雖流而爲形式本意殆不復見.音聲具在.勉自保持其名價仍卓然自成一部耳。此種發展.紀傳中不概見.蓋晚近事矣。如對於體詞之習用者添〔兒〕添〔子〕此在音由長音而爲卷舌.在義遂傳會兒或更轉而爲子以示暱近乎。由長音而爲卷舌北美人之英語聲 r 作卷舌者其例也。以小示暱近德意志婦人小子多用 Chen, lein 等形式語其例也。一爲形式斯有隨處應用之傾向。其範圍遂擴張.而其本義不可究詰矣。

此言體詞也.狀詞用詞亦然。如〔前〕〔後〕等狀詞附以〔頭〕〔面〕等形式詞以示其方位。〔看〕用詞也.附〔了〕以示其過去.附〔着〕以示其現在。雖不無意義之可解。然而本義微矣。此晚近之發展。蓋亦語言有就二節以上之傾向故也。

第四編　國語後天發展心理觀

發展之程序

思想愈趨複雜也。表彰思想之具愈求單純。斯語言分業之道愈進。概念方面不一。區別各方面而使之分擔。然分擔則語言不得不增。單節之語音又有所限。斯同音異義之語多而聞者又虞淆惑矣。故一方確定語言之概念而使之分業。他方作複合語以補其缺憾。蓋數不足還而求諸容量者。亦勢也。容量之加。以複合語爲主。複合語者。語詞之混合。一詞之不足者充實之。一詞之不能確定者確定之。雖習用而用途廣。心理上慣熟便利。有隨詞皆思適用之傾向。然實質不失。仍不失其爲複合語也。至複合而爲無須之飾物。但調和其音調或限定其職用而止。則音雖不變。已流而爲形式矣。形式之界說雖爲本義之消微及其原音之變化。然吾國語之本質。各語音獨立不相侵越者也。故原音變化一項。不適用於吾國語。吾國語之所謂形式也。吾國語實質形式之兩面表裏相副。無過不足。故留形式而失其實質。使形式長於概念者。爲原則上之所無。欲

簡明

求明瞭，欲行分業，音數不足，乃弸張於容量，而作二節。二節之雙聲疊韻又有所短，於是假他語而爲之。習爲常套，流於乏意。此吾國語形式部分發生之途徑也。故屈折語之發生部分形式也。欲求簡單也。因使用而墮落於形式，爲語詞个體中之一部。吾國語之發生部分形式也，欲求明瞭也。因使用分化成形式，爲語詞个體之附屬。此其異也。且形式之分化不惟求明瞭，亦求簡單也。概念諸方此何所指，不待位置而後定。不取音容之煩瑣，而分化之爲形式，此部分形式之主要職用也。故就音言雖加多而複雜，就概念言分擔而確指，明且簡矣。

要之分擔作用使概念分化爲簡單而明辨者，吾國語後天之發展也。然發展而仍不失其保守性，此形式部分附屬語所以少而複合語所以特多也。

軋拉剎利氏 Grasserie 分語言之發展爲昇降二時期。Descendent Period and ascendent period 前時期統一而簡單，後時期分化而複雜。持此二元說者，殆本于名學之綜合分析，與名理範疇，不能便應用于語言。語言之發展，未必綜合分析二元也。分化而複雜現象也．但就形式而論者也。更進而從心理觀察．則且簡單矣。此吾輩對吾國語之所信而不疑者。

後天發展之要

抑吾國語之初發展也．以單節或雙聲疊韻之二節爲範圍。作意義之引申．爲語言之化分。其差甚少．其辨甚微。而同音異義同義異用語尤多。音韻之形式則簡矣．然時或混淆而難明。假音之變容示區別．其不便爲尤甚。且單節語習用．則能攝有擴延之傾向。擴延則曖昧不規之念 Notion 入之矣。此在醉心文學文字萬能之時．曖昧者或轉以爲渾厚而含蓄．沿襲而用之。思想進於複雜．起分化之必須。事物多則名稱繁．科學進則術語繁．益促是必須之急進。蓋語言而不能精確指概念．則語言失其用。語言而不足於表彰其思想．則語言不能盡其用故也。

心理上折衷法

於是而欲棄陳敝補不足．使任意得創作新語以更替之者．則秉人爲淘汰之原則．可立見其新陳代謝矣。而無如語言乃社會心理之產物．非獨斷所能造作也。無已．則惟加以訂正耳。不廢舊用之資料．使之分擔專其職．或加以限定素以定其適用之範圍擴延之使其概念明確而豐富．蓋折衷之得策也。此品詞分業而外二節複合或形式部附加之所以適用也。今者二節語固甚普通．學術語詞且有進向三節以上之傾矣。此欲求概念之明簡而仍不能棄其保守性．直角方向之二力作用．所以向對角線進行也。

此種發展名曰後天．以其在語言完全產出後耳。言其時世．惟形式附屬不過晚近事。詞品分擔則大抵自古已然。複合固亦由來長久也。分實詞之品類爲三．一詞而二品兼攝．見諸先秦文獻亦既有限．用爲三品更無多詞矣。至複合則漢書而下可勿論．即見諸左傳者亦已多矣。如〔申之以盟誓重之以婚姻〕〔躬擐甲冑跋履山川踰越險阻〕〔離散我兄弟撓亂我同盟傾覆我國家〕〔又欲闕翦我公室傾覆我社稷帥我蝥賊以來蕩搖我邊疆〕　此先秦紀傳．吾輩所信爲語言紀傳者也。况是等語詞．迄今固猶未嘗死也。雅言社會上例中諸語詞殆皆通用．卽在通俗〔婚姻〕〔兄弟〕〔同盟〕〔國家〕〔邊疆〕等體詞．及〔離散〕〔撓亂〕等用詞．亦皆用之殆不能有所代。其單語轉且絕響矣。此心

心理淘汰

理上簡明之要求與夫保守性之改良法、蓋亦吾國語之自然進化也。吾國語詞、世虞不足。然不足者用語耳、廢棄語詞保守於斷簡殘編者固太多也。釋故訓三十餘語爲一意、方言之訓亦以十計。是諒所謂八代方國之差異、非一時有如許同義語也。文人者起集時地之方言爲儷語、或以字形或以意標、訓別其義。如刻玉爲〔琢〕刻竹爲〔篆〕合耦爲〔逑〕怨耦爲〔仇〕馬之重遲者曰〔篤〕物之重厚者曰〔竺〕文字上形式之區別、誠彰明矣。語言上形式之區別則無可辨。無辨而强以辨之、少數人之造作、非保守社會之所許。卽行之不能遠也。卽方言而非方音、其形式之差甚辨。然苟非固有、亦不能得一般之同情。蓋分擔固後天之發展、而可以通用者、卽亦因陋就簡通用之。煩瑣之別、又非吾國語之所欲有也。狗有縣蹏曰〔犬〕犬未成豪曰〔狗〕鳥白曰〔皠〕霜雪白曰〔皚〕玉石白曰皦、以吾輩觀之、是殆皆方言之差耳。文人以之作概念之辨矣。然而辯於墨子者曰、〔狗犬也而殺狗非殺犬也〕辯於孟子者曰、〔白羽之白猶白雪之白、白雪之白猶白玉之白〕可知矯揉造作、祇是當時、已非一般之所認矣。蓋言語固精神之產物而亦受轄於心理者，非可以名理範疇製定之者也。

第五編　說國語成立之法則

連結配置

客觀主觀獨立運用

吾國語之語詞，自晚近發展附屬形式外獨立而不變。故集个个語詞連結配置之足以表完全思想者，卽完成爲語言。其成立之法則，舍連結配置之外無他也。表彰完全思想固不必待連結配置，有一語足以表示者，卽一語爲已足。語法家言語言必須主語述語二者而成立。若但發表其一，必有爲之含蓄者矣。然是名理論或適用於印度日耳曼語族，在吾國語則不用此理論爲也。主語說客觀之實在，述語主觀之所見也。說客觀時或說明而止，述主觀亦不須必有客觀存在也。在吾國語以心傳心之法常作用於語言形式之裏面，發表客觀而不加主觀之意見者更自古而然也。如大學〔物格而後知致，知致而後意誠，意誠而後心正，心正而後家齊〕諸語，皆先以客觀之實在敍以客觀之性質，敍述而是認之耳。無敍述之主觀語如名學上所謂繫聯 Copula 者。

語法上諸術語

今語亦然。惟說話之時畧加頓挫耳。蓋表彰思想得心心相傳爲已足。固無名學上規定範疇也。有之亦惟習慣而成耳。出於心理之自然。無必然之理。隨社會心理爲轉移。亦非不易之法也。茲就心理上見地稱所謂主語 Subject 者爲直接客觀語。所謂目的語 Object 者爲間接客觀語。所謂述語者 Predicate 爲主觀語。而客觀語之中以之作表彰語之用者謂之表彰客觀語。主觀語大抵用詞也。而有時亦以狀詞。用詞主觀語稱之曰說語。狀詞主觀語稱之曰表語。直接客觀語亦曰題語。間接客觀語亦曰目語。而限定題目語與說語之狀詞。謂之屬語。

一般法則從中有引馬氏文通者

界說既明。爲述一般之法則如下。

法一。題語置第一位。說語或表語置第二位。有目語時則目語置第三位。

系一。對語命令之句。題語從略。

系二。說語或表語表說感歎。則置諸主語之先。

系三。比擬之句所以比擬前者。其說語或表語從略。

法二、屬語置於其所狀詞之前。

系一、若屬語與所屬語共爲體詞、或爲語調叶和之故、兩者之間時用介節詞。

系二、表時間或方法之疑問語、置於主語之次。

系三、表時間之語次於主語、表地方之語冠介節而先於說語。

法三、目語常置於最後。

系一、屬語而述說語所行之方法或地方者、時置目語之後。

法四、介節詞置其所介語詞之前。

法五、語助節詞置於句讀終結處。

法六、助用詞置於用詞之前。

此吾國語連結配置之大略法則也。位置順序所以特要於吾國語者、一以補屈折語尾等形式之缺、一以補同音異義語過多之缺也。屈折語尾等形式缺乏、則其所屬有不明之處、不得不規定之於順序。同音異義語過多、則音之所

位置順序

指易於混淆以位置關係示若何職用宜爲若何概念使之聯想而不致誤。

音容

然但以位置猶有未盡。蓋語言所以爲語言者非機械之堆砌乃有機之語詞生存於句中者也。故語連結而表彰思想也其主意所在之詞或易於誤解之詞不置之先卽發以強。

強弱

此音質之强弱其一也。又吾國語語氣之變大抵無位置之更爲敍述爲疑問或爲正語爲反語皆以抑揚爲之。

抑揚

此音調之抑揚其二也。其他詞品之異或感想之差表以發音之長短則又以僅少語音表豐富意義之吾國語特色矣。

長短

凡此皆以音容補措詞之不足也音容固隨時隨地而異措詞則今昔略同。

例外

其不同之例可得而舉者(一)外用詞而有弗辭爲屬語則代體之目語插入於屬語與外用詞之間此例見諸先秦文獻者極多如〔莫我知也夫〕〔論語〕〔以不女違〕〔左傳襄公〕〔莫之敢背〕〔桓公〕等是也。(二)其目語雖非代體詞而爲體詞亦間有置於外用詞之前者如〔老夫其國家不能恤〕〔昭公〕〔臣死且不避〕〔項羽本記〕等此殆猶感想語先置之法則也。(三)又有先置

例外在昔不爲例外

目語而於外用詞之上更插入代體詞者。如（君亡之不恤而羣臣是憂）（僖公）。（四）體詞未見於上而外用詞與代體目語亦有顚倒者。如（則予一人汝嘉）（蔡仲之命）（今命爾予翼）（君牙）（帝式之惡）（非命上引仲虺之告）則又尙書時世之特例也。（五）更有屬語與被屬語顚倒者。如禹貢（祇台德先）者先祇台德之倒。詩（逝不古處）（逝不相好）者。不逝卽不逮之倒。（六）更有兼（四）（五）兩例外者。如無逸言（大王王季克自抑畏文王俾服卽康功田功）者。俾文王卽服康功田功之倒轉。公羊襄二十七年傳言（昧雉彼視）卽視彼昧雉之倒轉也。（七）又有介節詞與其所介詞之倒轉。如（啓乃淫溢康樂野於飲食）（墨子非樂引）者。卽飲食於野也。又室於怒市於色者。卽怒於室色於市也。以上諸例。今日視之固後先倒置矣。昔曾爲一般語法或爲特別方言者殆無疑義。蓋舞文弄字古時所無。惟其參差。且足見其爲言文一致記載也。語法之成立本非名理制定。特以心傳心之慣習規約耳。習用則心理上起分化。斯爲定法。法有時而參差。蓋社會心理之差。法有時而變遷。亦社會心理之變也。

語法之形成

語無定法也。表彰思想之際。得語詞而連結配置之。偶爲慣習。一經社會之容認。卽爲語法。類化陶鑄。次第而爲法則。參差者漸就陶汰而去。至今而存爲一語法者。必其適於社會心理者也。

語法之變遷

然法固由慣習而成者。慣習堅定。雖非法之法而亦存。此各國語法。又所以無不有例外也。例外而占優勢。適於一般社會之心理。則又爲法矣。法卽從此變遷矣。幸吾國語無屈折語尾之變。其表彰之於文字也。又爲木强難變之形。各有其義。勉保其名價。雖經連結配置。不相侵越。不失本真。大抵單節之音。語詞之實質自虛詞外。殆古今無所差。位置爲語言形式之一。所以補形變之不足表彰思想之機能也。其變遷更微。故其一般法則。有可得而言者。

第六編　國語在語言學上之位置

語言之大數

世界中之語言。可視爲一種國語者。就今日一般之統計。已八百有奇。合既死既廢之語而計之。更不知幾何也。然種類雖多。其形式實質之差。往往相似。就形式而類別者。有綜合的 Synthetical 語言與分析的 Analytical 語言之二種。

綜合語

綜合的語言連結二段以上之思想以一箇語詞表彰之者。如拉丁語 Latin 以語根之連結區別其連合思想者是也。綜合語之中又有不如拉丁語之屈折而以語根上機械的堆積爲區別如土耳其語者。分別稱之曰抱體語。In-corporating

綜合語之粹（抱體語）

抱體語之中形式融合甚有分離之不能使用者。則有如北美土人及巴斯克語。Bask 此類語言。卽取其語詞而觀其形式之融合無間者亦可見也。如巴斯克語 Belhaun（膝）其爲 Belhor（前面）與 Oin（足）之連結者。形式上已殆無可識別也。

綜合語之趨向

語言之用在明瞭表彰其思想。而其表之也勉欲取單純之手段。故綜合的語言有趨於分析的之傾向。蓋分析語表示二段以上之思想。各以其相當語詞爲之。無錯雜糾綜之弊也。如英語自今日觀之。分析語也。而尙留綜合之殘影。如 Less, Full, Ship 等分別之猶成箇詞者無論矣。卽其常用之 -ed-ly 等形

分析語

式部其由 Did, Like 流蕩而成者猶甚彰彰也。Less, Full, Ship 等其僅存者耳。而亦有趨於形式之傾向。形式則部分非綜合矣。求其連結語詞不失獨立分離之仍得維持其固有意義者則惟吾國及安南暹羅緬甸等爲最。而吾國語更純之純者矣。

分析語之粹（吾國語）

箇箇語詞各有獨立之意義。實詞更完全攝有之。且其內容如立體然。得多方指示。而區別之準。厥惟位置。位置之配賦又自由自在。不失獨立。無所屈折。但就習用之法則配置之。即瞭然矣。蓋語言形式固不惟音而已。位置前後關係亦形式之一也。不寧惟是。位置既定。感想之緩急且得以位置轉移爲表彰。有蓄意於位置相與之間而寓意於位置順序之外者矣。此純粹分析語之妙用也。

綜合語分析語之短長

綜合的語言。則語詞之品一一分立。不相通用。而題語說語等之區分。轉非所急。如拉丁語之用詞大抵合題說語於一詞。此在實用上雖無混雜之虞。而根本區別之不存。總不得謂爲思想與語言相一致也。北美土人之用語甚且構

評螺旋進行說主張者對吾國語之評論

題目說三者於一詞．融合而莫辨。以此比諸分析的語言．其形式與實質易淆卽語言不與分化思想精密一致者．殆無可疑。蓋句中之語詞其職掌．其意義．分析愈精．其所表彰之思想愈益精密．正比例也。然則以一語表一意．以一詞表一義．若影與形．縷然歷然．如吾國語者．不得不謂得其當也。語言趨於分析．思想分化之要求也。二者不相應．在實質則思想易淆．在形式則融合素易混．語言遂起激烈之變化。觀彼北美土人不能讀其父之書．而吾國人得解四千餘年古籍者．思過半矣。迦伯林之氏 Gabelenz 主張螺旋進行說． Spirallauf 謂語言之發展猶物理因牽引而螺旋。其一便宜力．其他反對方向之明晰力也。便宜則簡單．明瞭則複雜。氏以是爲論據．謂吾國語之現在乃便宜之結果。在螺旋中適値孤立語．然已在第二或第三期．蓋螺旋之再三旋轉矣。立浦修斯氏 Lepsius 亦謂吾國語由多節而減少。然要皆持名學二元說而逞其想像．未嘗深思明辨也。以吾輩所見吾國語但有就簡之一方．未嘗見其複雜也。晚今形式上畧有複雜之傾向．然是亦分化耳．非綜合也。康拉地氏 Conradi

等謂吾國語向爲多節而沓然說其期在文字創造以前多節語言强表之以單節之文字則更想像以外矣

評形態分類論主張者對吾國語之評論

胥拉海氏 Schleicher 一派形態分類主張者動輒以吾國語形式之缺乏貶之爲初等吾輩試先問形式之爲何形式之中有屈折的形式 Flexional formal elements 與形式的形式 Formative elements 二者屈折的形式爲綜合之遺習即語詞在句中關係上之變化此抱浦氏 Bopp 傾變論 Agglutinations theorie 中之所自白者也以屈折的形式爲尙則不能不以綜合語爲高等然則印度日耳曼語有就分析之退化傾向者獨何以自解耶據形態分類派之論法吾輩轉不得不謂純粹分析語無屈折之形式如吾國語者爲高等而進化者矣形式的形式由音之變化及其本意消微而起此與屈折的形式同也所不同者本意消微之因起於實質之墮落而非句中關係上變化耳是亦綜合自然之果本意消微決不足誇爲特色者此種形式吾國語雖略有之大體固保其獨立不失實質也以言思想明瞭之表彰吾輩寧以得保實質

評形式

者爲精密。蓋內容富而所攝大．爲其所表彰者亦能完密而無遺也。悉語源者．措詞多能完密．職是故耳。

辯者曰．形態論者之以屈折語爲高等．非稱其形式本體藉形式表彰之人稱．時．位．性．數．法．氣等耳。然吾輩試窺是等之本質．人稱由代名墮落而結合．梵文足徵也。卽就事論事．複數二人稱無所別亦屬畸形。　時有單純複合二者．單純之時爲語根與接尾語所作成結合此二素之母音．尙有存於其間者。複合之時則插入構成的接尾語於語根及人稱的語尾之間者也。無非人爲．且不足以盡時間之區別。　位之中表主位賓位之別以附加接尾語爲者．蓋後來之發展。古代亦嘗以語詞之順序及其詞句之意義推測其關係者．不難知也。其他諸位亦當狀詞 Adverb 介詞未發達以前．綜合以示其關係者耳。然仍無如許種類．足以表彰名理思想也。　性非原於自然之區別．殆可視爲語基之差也。陽性中性爲同一語基所作成．陰性名詞則特殊語基名詞之一類也。數似明辨一法矣。然有表數語詞．固不須名詞本體示之辨。卽別無數詞亦得於詞句關係上知之莫須有也。　法因動詞變化所生語氣之態度。　氣則動詞之一種變態、以指別句主與動詞之動作關係者。要皆詞句關係上各語詞欲明示其職用、作致種種變態耳。不能活用、斯求之於形式耳。若以句為單位、其成分之語詞、固不須更用形式辨別也。

包暈之感

抑意味之感、意識中之一種特殊元素也。藉聯想或類推作用彼此相連、或彼此相限、起關係上包暈之感。如吾云〔人〕口中起〔人〕之發音運動、腦中即起〔人〕之意識經驗。發音之〔人〕同、經驗之〔人〕視其詞句之關係而意可異。如云〔愚不知人也〕對己而稱他人、三人稱也。〔過也人皆見之〕有皆以限之、多數也。〔碩人〕詩賦衞莊姜、可知其性為陰、其位為呼也。而動詞之時法氣亦可於句中覘之。不寧惟是、〔不知人〕之〔人〕稱偉人也、與〔人皆見之〕之稱常人者有辨。更以修辭的言之、人不限於三人稱、如〔哲人其萎乎〕孔子自謂。〔斯人也而有斯疾也〕則對稱伯牛也。若是所附加之意識、為一種特殊積極之感。化單純之音響、為特定之意義。蓋發於意識、而有規定思慮之性能者也。思慮既定。斯思慮結果之語言亦以心傳心．不逾矩矣。是卽所謂關係包量之感。吾國語無如屈折語之形式而不感不足者以此。屈折語之形式在我且感蛇足者亦以此也。況彼所謂形式者畸形欲以之限定概念者不足乎。性也人稱也．位也．以吾輩觀之．徒事煩擾．於名理上無理．於思想一致上無謂也．法與氣則屬語句上之問題．表以語詞上之形式．更無謂矣。數與時以之表彰名理思想．或非無理。然梵語之十邏聲仍爲挂漏。希臘語之兩數則爲畸形。蓋時刼數量．誠非區區語尾之別所能盡之也。吾國語雖無形式之特例．然形式所宜盡之職分．別立一語以盡之。卽無語詞之存在亦有言外之意．卽所謂包量之感者代盡之。一言以蔽之．吾國語表彰吾國文學哲學科學思想者克盡厥職．無不足之感．自由自在．吾輩所以之爲國語特色者也。

胥立蓋而氏 Schlegel 抱浦氏 Bopp 麥斯牟勒氏 Maxmüler 等形態分類者皆以吾國語爲孤立語．且遂謂爲發達之初步。抱浦氏謂吾國語無文法．且無機如鑛物然。麥斯牟拉氏謂爲家族的組織語．甚有如胥拉海氏謂爲止於太古狀態而未嘗發展者。甚矣感情論之盲目。蓋未嘗平心靜氣一研究吾國語也。不惟不知吾國語。且不知當世之有語言學矣。取語詞而觀。誠哉其似無機物。然此非僅吾國語如是。大抵語言然也。論語言之發達。豈可但以語詞爲根據。語詞生存於句中。惟在句中方爲有機之關係。而亦不得不有機者也。一切語言表思想於語句皆有一定之機制。語詞之於語句猶元素分子之於有機化合體。不成其爲孤立也。吾國語亦有如三段分類法所謂屈折所謂附添者。縱語有孤立。吾國語亦非是類。況孤立之名。非語言學理之所取乎。吾國語語詞分立時得保其獨立。加入於句之化合體聯合而盡其職者也。苟家族組織國家組織等比喻語而有當也。吾輩毋寧謂吾國語爲有聯邦組織耳。雖不如屈折語滅却其存在之一部而屈服於他。謂爲孤立則非。而所謂語法者。敍述語言之機制者也。無外語之接觸比較。無成文之機則已耳。其法之存。固與語言同生死。縱語言有等。而吾國語爲最初語法。實在要亦不容泯滅也。況若必以易於屈折而失獨立者爲高等。則北美土人語爲最高。印度日耳曼語固亦曾爲高等者．不幸而形消式滅漸退化於初等者也。惟立士曼語 Lithmanian 斯拉復語 Slavoui 猶得畧保其形式耳。其他無不溯洄此逆潮而盪滌其形式以去也。

以一己之語族爲退化則反其自誇之情。於是迦伯林之氏之循環論以起。若輩敢想像印度日耳曼語綜合時世之前曾有分析之一時。吾輩對於國語不敢存是想像也。以歷史事實爲根據謂屈折語從所謂孤立語發達者．毋寧謂其有反對之傾向。三級 Three Stages 發達說固爲吾輩所不取。孰因孰果亦非吾輩所欲主張者。特就心理觀語言之發展常就精神活動之簡易者．則原則耳。

形態論者之胥拉海氏一派．徒見語言現在之形態．忘却其有歷史矣。徒見其橫斷的外觀．不念及其有立體的深度矣。而其所見之外觀．又不過皮相之一瞥。乃欲以是爲根據．而以印度日耳曼語上所得之法則律之．歸納之於三級發達大命題之下．多見其不知量矣。

若輩特瞥見吾國語形式簡單之事、斯誣爲初等耳。簡單卽初等、論法之謬已甚。但就形式觀吾國語者、正其不知吾國語之自白也。吾國語之所以爲國語者、惟其形式簡單耳。簡其外而充實其內。實質的意義宿於各語詞之中、形式的關係的意義則寄於語詞結合之際、不借音韻多大之勞、發揮思想之眞義、

吾國語精神

此吾國語精神 Sprachsinn 之所存、卽簡單而明瞭也。不思以音韻複雜之關係表彰其思想、思以形式之音與實質之概念相平行。音韻關係上表面之發達雙聲疊韻二節而止。其主要之發達則鑽於深遠。蓋縱斷非橫斷也。於一音節之中作大小長短調節、使一一與概念相平行。而文字更確定其傾向、雖後天之發展或爲複合、或加形式、仍得保其獨立而不相同化。此支那語國民之特長也。此而不知、不足與語吾國語矣。

評心理分類派對吾國語之評論

雖然、貶吾國語爲初等誣爲未嘗發達者、不惟不知吾國語言史、且蔑視吾國文明史者也。交通既繁、知吾國之文明亦有不可侮者在、而於語言知識亦得耳提而面命。於是亨抱而的一派出、進一步以完全不完全或有形式無形式

爲心理之分類。而入吾國語於有形式之中。此亨抱而的氏首唱。斯丹太而氏Steinthal 密斯推理氏 Misteli 等繼之。心理分類派所稱爲有形式者。其旨不同。或以內範。或以國民精神。或以形式之充實。或以主說語之關係。要不拘於表面之形態。以語言精神爲觀察點則一也。擴張形態論者之語系 Affix 觀。知語言之位置配列。亦爲形式之一。擴張形態論者之語詞觀。知語言須從語句觀察。是皆心理分類派之特長也。雖然。心理分類。以吾國語爲關鍵。其精神之所在亦在吾國語。而惜乎諸氏對吾國語猶未嘗有眞實知識也。諸氏之論吾國語也。紛雜糾綜。然異口同聲。先有一假定而後立論者也。假定維何。則以形式爲精密文明思想惟一發表具。蓋印度日耳曼語族國民之先入僻見也。有是僻見。不得不貶無形式者爲劣等。然則吾國語不謂之有形式卽劣等也。兩方論法。二者必居一。於是而有見於吾國之文明。竟貶爲劣等。諸氏亦有所不忍也。於是謂爲有形式。然其形式與印度日耳曼語族諸氏所奉爲圭臬者異也。則又穿鑿附會之。以語詞之連結配置爲形式。其穿鑿之所得也。以國民精神以主說語關係爲形式、則迷惘於形式之中、不知形式之外亦有特長矣。不去其先入之偏見、立一己語族之規則爲格、欲以範世界之語言、是之謂不知務。不求諸語言根本之差、及其特色之所在、徒見其文明、逆推而外轢、混思想語言爲一事、是之謂不知本。

國語宜自知

謬拉氏 Müller 評心理分類派大舉小遺、忘却語言之歷史。誠哉其忘語言史也。氏謂吾國語果爲單節與否猶未可知、卽今爲單節而昔日曾爲多節與否、抑將來得爲單節與否、皆疑問也。懷此疑問、氏之特見也。然不求解決、懷疑而止。欲自建系統的分類而於東洋語又淆惑於形態。甚矣研究外國語而欲知其語言精神之難也。不知語言之精神、漫以他語族之法則作歸納之論斷、無怪其不能知厥眞相矣。不得吾國語之眞相、語言分類亦殆無望。而其眞相之解決、則支那語國民之責任、不能望於他族也。蓋發達之途既異、研究之蹊徑亦自宜獨闢。借鑑他語族之法則作他山之石可也。欲據以爲範律則蔽矣。歐西語言學者、大抵有自尊其語族之僻見、卽以其一己語族之法則爲範律。

吾國語宜特居一席

故對於根本不同之吾國語．不能確知其名價評定其位置也。獨有丹抹語言學者耶斯彼善氏 Jespersen 論語言發達之順序．稱吾國語爲曾經發達之歷史。以不用形式之末技而寓意於詞句相與之間者爲進步。歐西人之論吾國語者．比較上此說最爲得其平。然徒爲位置之指定．不作根本之研究．仍未足以言知吾國語也。蓋吾國語自發生而自長盈．獨立而特行．未嘗與他語族相聯絡．故作循環論者非也。自有其特色．自有其特性．卽在語言中自別有其位置。形狀而軒輊之．亦未見其是也。吾國語之發達也．簡單保守心理爲之骨。於一二音節中作縱斷之發達以平行于概念。而其發達之法則自昔有定．無激劇之變遷。形式實質之間．又自昔條分膂合．殆相一致。概念習用之弊或思想趨於複雜也．單節音不足以副之．則複合或形式部以添。然純粹分析之果．詞各有義．關係上不須形式之加減。斯罕以離合上影響其獨立。詞句之間．更自在配置．但有先後之慣例而已矣。而關聯統一之意義．則在完成之語句。比喻的言之．有實質之語詞單獨國也．複合詞政合國．形式複合詞則隸有附庸

聯邦組織之國語

之國也。介節詞自由市、而語助節詞從屬國也。從屬國而外其他皆有自由意志之實質。以自由意志聯合而爲句。句猶一大聯邦也。發表完全思想、卽運用國際主體之時則以聯邦總體之句爲之。而內政上依然獨立、自有意志、卽不失其實質意義也。自由市雖不具國家性質之實質仍不失其自由。惟附庸國之獨立意志大半爲主國所左右。而從屬國則國際主體之體面上一附屬品耳。然是不過欲明吾國語在句上之關係而已、非如麥克斯牟拉氏之論發達上組織也。一切國語皆有機制、皆有精神。卽無國家組織之國語、非吾輩所敢知也。然則以一切國語皆爲有國家組織者、比吾國語于聯邦組織可乎。

第七編　論方言及方音

吾國之方言方音非已甚者

吾國方言方音之差劇甚、常人云然也。然以吾輩觀之、論方言方音於吾國決不得謂之甚、何也、吾國百四十萬方哩之大國也。就地勢言、有高山峻嶺、有長江大河、有平原、有海岸、所謂洋海大陸性之差、及交通之不便亦甚矣。就歷史言、所謂漢族者、由西北來居於黃河沿岸之若干部落耳。與異族爭、漸征服之、

文化勢力

恢張其勢力，樹國族於斯。然有史以來，外患未嘗絕也。特類化力强，能吸收外族，同化而融合之耳。堯舜時之苗，周代之玁狁，秦漢之匈奴，晉之五胡，唐之突厥，以至宋之契丹蒙古，自明迄今之滿州，無不然也。方言方音云者，廣義言之，本於社會心理之差異耳。則地域擴大，歷史緜亘，外人之接觸紛雜，斯語言異方而殊致者，必至之勢，自然之理也。不見乎彼羅馬語族乎，法蘭西，意大利，西班牙，葡萄牙，羅馬尼亞等，別爲如許國語者，由一語族而分歧者也。是無他，當日羅馬文明，爲文明程度較低之民人所破壞，羅馬之語言遂於羅馬人勢力不及之地，隨諸民族地域之蔓延，時世之代更，而與之俱變耳。吾國域之廣，非歐州一部比，外患之烈，殆猶哥兒人 Gaul 之於羅馬也。然所謂方言者，固猶不若彼國語之大差，大別之十部而止，實質之差可徵知。其音更不過舒促開閉而已。是又何也，非積極的之一致，消極的有防止紛歧之一大勢力在也。語言之狀態，與其社會狀態相照應。漢族猶在部落時，其方言方音之多，不難想見也。蓋爾時武力雖及於就近諸部落，不有統一，固未嘗有文化也。人民惟

方言方音爲語言發達上自然之運命

齷齪於生存之競爭、日以敵視排斥爲事。故語言發達上亦發生種種之特色、而方言方音以多。然漢族之發達也、文化之中心定。部落團結而爲國民、方言亦統一而爲國語。文化中心、誠防止方言方音之一求心力也。然云統一、亦程度之相去耳。方言因是而殺、不因是而止也。語法已然、語詞語音更甚。先秦文詞倒置之例、語法差異之殘影也。至語詞之差、則爾雅方言之訓詁、六書之轉注、皆其例徵矣。釋故訓三十餘語爲一意、方言訓大者十二語、訓至者七語、而云別國之言、初不相往來、俗語不失其方、可知閉關之世、各操土風、同義異音語不若是其多。同義異音語之起、大抵方言方音之侵入也。社會組織統一於文化、所謂方言方音者亦統一於文字。或爲儷語、或爲轉注語、通用於大社會之中、致吾國語於大同者此也。雖然、方言方音之遠心力、未嘗已也。雖經一時之統一、發達變化無已時。諸種變化偶發生於一區域一階級之中、及其特質龐大也、則又成一種方言矣。是亦語言自然運命也。

文學之勢力

文人者起、開轉注之例、作訓詁之書、網羅方言、作之儷語、而吾國文字之表彰又以木强難變之文字。一字一音。一音一義。以音形意構成之文字。使天下後世起國民的崇拜之感情汲汲於文學之勃興。斤斤於文字之保守。雖有方言之變化。亦勉力歸納之於文字範圍之中。有文字文學爲語言之標準。方言之變化。即以是爲取舍。不須外求。且欲外求而亦不得也。而此文字者又但爲一音節之發達。勉自保守其名價。不爲他音所同化。故所謂方音者。更不過舒促開閉之差矣。

◎方言六例

文字既定之後。方言之差約可律以如下之六例。

一、一字而有二音三音。輾轉而後。不知所本。無所適從。乃起方言。如衣服開曰〔裉〕从聲類讀如啓。依多聲讀如乂。此例更於論諧聲中言之方言中此種現象最多。

二、一語而有二字。聲近相亂。乃起方言。如去曰〔朅〕字猶作去。是朅去雙聲而相亂也。又吃曰〔啜〕書猶作吃。是吃啜疊韻而相亂也。

三、於單語詞之下。加添雙聲疊韻之形式附屬語。如〔榾〕曰榾刺。〔紇〕曰紇怛〔釜〕曰釜盧等是也。

四．由於類推作用．如〔貞〕古音同打．貞卦曰打卦．偵聽曰打聽．盛飯亦曰打飯。又稱尾曰尾〔巴〕面之輔遂曰輔巴孔之魄曰魄巴等是也。

五．由於音聲相近之通借．如〔賴詐〕實據地不起意之賴萎也．〔輓在鼓裏〕者受欺於人謾在兆裏之謂也。

六．由於意義相近之通借．如〔乂〕交乂之意也．凡兩手抱持皆通曰乂。〔用〕使用之意也．凡享受之意亦通借曰用。

以上所述．猶幾分性質之差也．又有同一語而發音有程度之差者．則大體可以開閉舒促治之。

開閉舒促之變遷

四聲中平上去三者舒音也。入聲則加爾雅林的氏 Carl Arendt 所謂吸入音．蓋促音矣。故晚近入聲之消滅．無非音聲餘韻(Rhyme)之舒展耳。鼻音半開音．元音開音也．既述之矣。故鼻音收聲之消滅而音化也．亦無非開閉之差。又韻之組織亦得別之以開閉．閉障音破障音等一時的斷續之音．閉音也。摩擦音則延引的繼續音．卽開音矣。沿革上閉障音破障音等之漸弛緩也．則又漸傾向於開音耳。閉障音破障音之軟化及諸韻之喉音化．其著例也。故開閉之差．吾國語音韻史之關鍵也。方音之消長得於是知之。

淮南子曰．輕土多利．重土多遲．淸水音小．濁水音大。陸法言切韻序曰．吳楚則時傷輕淺．燕趙則多傷重濁。利遲謂四聲之長短．小大其殆輕重之意。與輕淺重濁．由韻言．繼續音斷續音之謂．由音容言．則銳鈍之別。與淸水濁水諒指江淮河漢而言．然則輕土重土．諒指江濱河衞之地域也。要之漢族卽所謂大陸先民者．由西方秦蜀或更自遠西經秦蜀而來住於巨川沿岸者．歷史足徵也。巨川沿岸宜於聚居．生長繁滋．衍方五千里之地。河衞之北．江淮之南．無幾皆漢人居焉。此間自然被江河之影響而分爲南北。河衞之岸謂之唐虞。江漢右左謂之夏楚。方音之差．隨社會之分裂而起．舜樂以南風．紂以北鄙．劉向已辨之矣。降至先周．其王宅東南以大山爲畛域．而岱南曰徐曰楊皆羈縻於周。周人作四始．北音乃流入於南。（取說苑修文篇義）古北方但有五聲．至文武始增和穆二變徵。和穆之音若何無從確知．然所謂和穆辟雍者大抵清朗之音．卽所謂開音繼續音與。韓詩說周召推其地在南陽南郡間．又有以二雅爲夏楚詩三百而以楚言爲中聲者矣。要之隨南北之交通．北音流入於南方．南音廣雜轉以北侵者．殆事實也。然此時雖曰能夏則大．楚聲猶謂爲南蠻侏離而受斥。迨周室式微．吳楚相繼稱霸。老莊領袖南學．南音益以北張。如〔耶〕疑問語助．節詞開張口以腔而發之侈音．蓋楚音也。此在四書左傳尙不概見．語策諸子中始盛用之。去聲開音皆繼續的延長音也。發之之時．於肺臟中遒歛其氣而深長發揚之．此種發音．爲北鄙聲之所難．故鄭聲且見斥以爲放。今山西人發陽唐之音猶誇其口腔．在古則張大而發陽唐者．更江南而已也。至吳越接踵抗衡上國．誕慢江南之音所謂雅雅如白項烏者．始盈中國矣。然保守性吾民族特性之一也．保守乃起排他。淮南距淮北僅一衣帶水耳．而見稱曰蠻。漢承秦後王關中．江南又見斥矣。至晉室東遷．清談老莊．南北方翕合無間。南音方一般認用也。抱朴外篇審舉曰（晉吳士初附其貢士見偃以不試今太平已四十矣猶復不試此乃見同於左衽之類）由是可知晉初中原人士猶賤視吳楚至東晉始得翕合也。晉一東來。北方外患遂從此無寧日。五胡蹂躪中原者百餘年。所謂南北朝者，南方爲中國都，異族轉竊據於北。於是文學流行皆折衷於南方。蟠踞中原之胡人亦摹倣當時江南風。如彼孝文帝者，其特著者也。晉後四百餘年，南方之音普遍中原。北鄙之聲則與剛銳之氣俱銷矣。急促吸入之音，漸弛緩其所促。閉障破障之音則爲摩擦音爲喉音。唐代都長安，江南之文風益促其傾向。五代至宋北患愈烈。中原舊地化爲兵馬之場。文弱舊民族抵抗力薄，然其不平憤激之情可知也。悲涼慷慨發之於音。促音消而餘韻長，脣內鼻音弛而爲喉內。顎音清音之k'爲近於後舌端之ch，寖變且爲近於喉音清音之hs。顎音之濁音g及重濁音ng貶而爲w。凡此皆從來所無之音變也。其他又有前舌端清音之t變爲重濁之n或後舌端清音之s，而喉音之發達及來r音添附於餘韻，尤爲此時變化之特徵。然要之則侈口延引發音之果耳。韻中之開音，以喉音爲最。蓋侈口延長則調節弛而流於喉音者，音聲之自然傾向也。r之音亦開口之侈音，特延之過長，略以卷舌聞耳。宋之末世，外患最烈。中原元氣之傷亦於此最甚。於是發之於聲也哀以斷軟化之韻。頭部共鳴之音。(Head voice)起於是矣。自是以還。宛平都會六百年。此種音聲殆浸淫徧中國。惟閩粵等沿海地濡染古中原文化也晚。距離音聲激變之北方也遠。猶得保其古音化石耳。

獨立之國語

雖然。起吾國語音聲之激變者。外患居其大原因固也。彼因此果。遽謂為外語之侵入或同化於外語音者則非。吾國北方異民族所使用西土耳其語。北蒙古滿州語等。皆與吾國語大異其性質。異語族侵入而同化已非易事。況文化低度之人民移植於文化中心地。而中心地之舊民又富於保守性者乎。故政治上雖常以一時之悍力制勝。語言語音則居於被征服之地位。吾未見其侵入而為所同化也。不見乎彼竊據中國殆三百年之滿人乎。今其所用之語言。北滿一部而外不復有所謂滿語矣。而吾國語受滿語之侵入者幾何哉。此無他。處文化勢力之中心而又能保守之耳。先王製文字網羅方言。組織文學。以貽後昆。後王者起。非先王之法言不敢言。尊崇先業。汲汲以勃興文學為務。此高尙國民感情．蘊結於吾民腦中者．防止語言侵入之一大勢力也。蠻言鴂舌．蔑視外語之古代無論矣。晉時五胡之勢力壓中原．然而當時兒郎有學胡語者．顏子推氏卽叱曰學爲奴。晚近與歐美交通之盛．亦既五十年矣．而外語之襲用極少。此國民之保守性．亦文化求心之力也。網羅方言．組成文學．拉丁語所以雖死猶生。建設國民文學．統一方言．德意志所以免法語征服也。

標準語音制定之要

雖然言文之背馳也．文學之勢力不及於語言．而向所統一之方言．亦徒爲斷簡中之長物。後起之方言更輾轉不知所究詰．而方音又隨社會心理以俱變。晚近日本語之侵入．其勢且滔滔也。長斯以往．不加人爲之統一．方言方音之發生．不知何所底止也。區區交通自然救濟法．容足恃乎。故標準語標準音之制定．實爲當務之急。

第八編　論標準語及標準音

標準語之界說

標準語標準音者．欲統一國語．認定特定之語詞語法．特定之讀音．爲一般用語之準也。然此所謂一般者．非云領土內之人民．蓋國語固非云領土內人民用語也。

國語之界說

國語之所謂國者、異於政治上國家之解說。吾國政治區域內若蒙若藏若滿州之一部猶非吾國語之所領、然而政治區域外南洋以下之華僑勢力範圍皆吾國語之領土、國語領土之廣、世界各國語蓋莫吾國語若也。

雖然、領土之內、小社會區分不一、各社會風土不同。同一國語、各社會用之斯各有其特有之着色。此着色卽通常所謂方言也。

方言之界說

方言、比較相對之詞耳。隨觀察點之差而異。同一國語、閩粵語相對爲方言。廣言之、滿蒙藏語對支那語亦爲方言。狹言之、嘉潮廣州語相對亦方言也。特方言之起、一因於命名之不同、二因於同名而異變、三因於代謝之異致、而廣義方言具有是三者、狹義者則一二而已耳。此程度不同也。程度等差、本無限量。廣言之、世界語言之種類、雅林的氏謂有三千、據多數說亦在八百以上。狹言之、則有如迦伯林之氏所云今日之言非復昨日者、細察之誠日異而人殊也。

雖然、狹義方言屬於音聲學之研究。廣義方言屬於一般語言學之研究。故茲

十　方言

所取，惟略得統一於國語下之方言，卽內範略同，外範之差亦得推量源委者。此云方言，約略得分爲十種。黃河以北，其北境至塞，東至海，卽直隸山東山西以及彰德，衞輝，懷慶等一區域爲一種。韻雖不完，多唐虞之遺音。高亢殆無入聲，爲此種方言之特色。　陝西自成一種。漢唐舊都，久爲文化中心地。中原之遺風逸韻，猶有存者。明晰簡直，爲此種方言之特色。陸法言曰秦隴則去聲爲入梁益則平聲似去至今亦然　開封以西，汝寧南陽等處，今之河南，卽古之所謂荊豫錯壤也。自是沿江而下至湖北鎭江爲一種。居中國之中，爾雅正大之夏音產地也。其中武昌漢陽之音，又爲醇中之醇。　其南湖南自爲一種，古所謂楚聲是也。　福建廣東各爲一種。漳泉及嘉潮各屬之佶屈敖牙，在兩者中又別成特色。此二種最厖雜，然中原古音猶有作化石而保存者。　開封以東由山東之曹沇沂以至江淮間，大體似朔風，具有四聲，特成一種方言。　江南之蘇州松江太倉常州及浙江之湖州嘉興杭州寧波紹興等又爲一種。其中寧紹固甚厖雜，論其大體，則沿海居民方言之代表也。海濱卑濕，且其中多湖沼，故濡弱之音，犇成此種方言之特色。　東南之地．獨徽州寧國之高原別爲一種。而浙江之衢州金華嚴州江西之廣信饒州等屬之。　四川上下與秦楚接．其音與關中大同而小異。以其地域特異．或亦別爲一種。　其他雲南貴州廣西三部最偏僻．古來爲苗族所蟠踞．其方言極紛雜。自沐英氏爲雲貴總督以兵力脅從中原之音．略得一定。然其所發音不如沐英氏所豫期之直隸音．而爲湖北四川之音。廣西亦受雲貴之影響。亦可見人心所趨．孰爲適者矣。又有如湖南沅州與貴州同音．浙江之溫處台大體與福建之福寧近似．福建之汀州且似江西之贛州．此則山陵隔絕．難言同化。欲解以理由．殆移住之史因耳。　若是分別之略爲十種。以吾國之歷史地域作比率．不爲多也。且方言之生．無非語言自然之發達．無足怪者。而各方言又各有其特色．各有其發達之歷史．更不容有所軒輊也。

方言本體無優劣

國語宜統一

於是保守者謂爲地方精粹之所存．且表彰思想惟方言最爲適切．則不如各保其自然．以言表彰思想之適切．誠莫方言若．然是在閉關之世老死不相往來則可也。世界交通以國家社會爲單位。統一教育尤宜以統一國語爲先務。

標準語不能外求

方言有普通之部分及特殊之部分．使各操土音．辭不足以達其意．則集代議士以謀國事．事用不集。謀統一教育而教育手段之言文先以紛歧矣。故國語宜統一．語音語詞語法不可不有一統一之標準．俾國民得有所遵守。況標準確立與教育相成。習用而後．則自由適切發表其思想猶向之方言矣．一國之粹．更未嘗非一方之粹也。蓋語言之形式固與實質無必然之關係．概念固隨用而馴熟者也。

雖然．形式實質雖其間無必然之關係．然當其相關相係之時．則有必然之原因．此國民之精神所謂語言內範也。（詳見第一篇）故印度日耳曼語族國民所用語．不能襲用之於吾國。所謂世界語者．縱其完成有日．而吾且不惜舍國粹以從之．亦未見其能實行也。況自相關係以來．經千百年形影相隨之歷史．經千百人文學上之運用．其原有者愈益固結．其變遷而得成爲方言者亦非偶然也．故欲於方言之外別立一理想標準語而强一般以相從．亦甚非易事。

諸種方言既不能並存．諸種而外又不得別立．然則入諸人爲淘汰之鎔爐聽其自然競爭可乎。曰人爲淘汰固無時或息、方言競爭則自交通以來亦未嘗或間也。然則經爭而存必其宜者、又聽交通之自然進行可也、焉用人力爲。雖然、交通之求心往往爲鄉土主義之遠心所抵制。一部一時之使用、退而仍操其土音、則臨時所用者不得與觀念相馴熟、而語言減其效。且語言發達無已時、卽方言之發生亦無已日也。故不加人爲自然之統一、且爲自然差異相抵消。

因社會之勢利導

人爲旣不容已、理想又不可行、然則惟求方言中之有勢力者、卽競爭而能勝者因勢而利導之耳。以是爲本、去其特異者、采擇他方以益之。蓋語言者、社會現象之一也。產於社會、爲社會利。社會之所用、社會能廢之。故當制定標準語當以社會爲前提。其所取舍尤當視社會心理爲標準也。

北京語作標準之商榷

然則有勢力爲一則、適於社會心理又一則。二則得兼、則如德意志之伯林語、日本之東京語、自能普及於全國、且所損益亦復有限。吾國於此有一疑問焉、卽中央政府所在地、其所用語果有勢力與否、且果適於全國社會心理與否耶。

吾國向所稱爲北京官話者。官吏用語。非公共語也。官與民隔。官話不及於民。言與文歧。官話又未嘗著於書。有之亦極少且陋。非一般所認也。且地處北偏。交通機關向未發達。故北京官話勢力實微。實際說所謂京片子者。殆惟直隸南滿之一部。直隸方言間雜以滿語者耳。軟化。銳利。延長。卷舌音。京片子爲尤著。且長而抑揚曲折。銳而頭部共鳴。近於哀嘶。亦示文弱。據音聲以觀社會心理者之所不取也。六百年之市朝所流行若此。其不適於一般社會心理也亦可見矣。

湖北方言之商榷

然則比較求適宜而有勢力者其惟湖北方言乎。湖北之音。古夏聲也。未嘗直接北患之激變。常作南音之代表。顏氏家訓謂南方言雜吳楚。北方言雜建朔。固也。然吳楚當晉時已同化於中國。非建比也。（陸懿氏之說）況夏口之音由來擴張其勢力爲他言他音所紛亂者少。所謂江漢之音。春秋時已見擴張之輪廓。至吳晉弼張益著。晉室東遷。遂與中原翕合爲一大勢力。爾來北音激變。湖北獨屹然保障江左。南北朝之南都。宋之南遷。中原音流入於南。夏口實保障之。北方激變。閩粵沿海塊雜。中心其在斯乎。此理論也。實際亦如是。十方言之中。自閩粵吳越等沿海外。大抵皆略與湖北近。以其比較上純粹而中和也。交通上又爲吾國之中心。其發達正方興而未艾。故以之導用於國中。似較京語爲利便。雲貴之已事可鑒也。

標準制定籌議

雖然取一以爲本。不可不有所損益。隨時發生之方言。又不可不加以修正。此損益修正之業。責成學會爲之。學會設國語統一調查會及國語統一研究會兩機關。其事業分讀音語法辭書三者。調查會調查之於各地方各社會。（便言鄙語往往古語所在不可不知也）而報告之於研究會。研究會窮其源委。擇其純粹而易行者制定之爲標準。然後爲國語教育行政施行之。

標準音損益修正

古音簡單。允宜增益。然如豬諸租等音。今或不能辨。韻紐之作也。當時遍采國中之韻。今則彙萃各處方言。恐猶不足盡韻紐矣。例如中(知)終(照)宗(精)之辨。贛州而外殆無之。然韻紐外別有發展者。元代歡卷幹分四等。則漢然易

標準音圖案

淆，不如別增韻。四聲之辨不甚便利，不如節之而益以複合語。凡此宜損益者也。又如湖北音作標準之基礎，清音去聲變爲濁音，輕唇變爲喉音，其特短處。此宜修正者也。

損益修正之音韻，欲以之爲標準也不得不有標準音圖。然制定音圖不能便以韻紐爲音標。蓋韻紐不過類別之代表耳音有變遷代表者本體旣輾轉非疇昔其類屬更淆惑而難明矣。韻紐讀音若以今音當之卽合諸種方言，切者寧幾。以不切之音強使之爲代表於今音之外，不得不更記古音則轉不若無之爲愈矣。此韻紐之弊，則以本強難變之文字非純粹音標故也。故制定音圖，首宜分析音素而以通用之羅馬音標當之，韻與音相切二十四元素（較諸英語字母多w g二文而少w l q x四文）足以化成一切語音之代表。文字固不取，簡字流弊與文字等。且矯揉造作一時不易得社會之同情。吾所謂音圖者，欲以之爲識字之標準，以補意標文字之不足，其爲用猶度量衡耳度量衡誠不若取世界之所大同者，知之用之者多，其變化不易也。况吾國語之宜普及於滿蒙藏者乎。

以語音爲讀音

此吾所謂讀音者。語言之讀音。亦卽文字之讀音也。蓋文字者。語言之徽識耳。苟猶見用於活語。不宜別有他音也。縱字音爲古音。標準語既定。亦不能以之改今語。古音律今語。顧炎武氏之所主張也。然（天明）之說在顧氏已自茫然矣。有語言然後有文字。語言主而文字賓也。故吾輩勉欲使文字接近於語言。讀文字一如語音。語音中有誤傳已久文字上不可究詰者。則取其音之最近者當之。使當世所謂質文者皆語體。讀之如談話然。則吾輩之望也。然是有待於辭書。更有待於語法。

語法案

語法分純理及應用二方面。純理分敍述及說明二大部。觀察語言之現象。順序敍述之。敍述語法也。覘其現象所由起。觀其現象所由變。察其現象所以然。則爲說明語法。故說明語法中又分爲歷史說明。比較說明。原理說明之三項。然是哲學的語法。語言學之硏究也。語法之實用在於介紹一國語之事實而已。故應用語法獨詳於事實。理論原理以事實上所必須者爲度。

然若是事實之說明．不過將日常用語加以說明．集爲規則耳。常語吾人所習用而熟知者．似可以無須。然語無自然法．言又人人殊．不作之則有不知適從者矣。況當國語統一之初．標準所在惟此是賴乎。吾國無語法書．有之．惟馬建忠氏之文通。然說明古文．且一以拉丁文法爲原則。非今語法．尤非純粹吾國語法也。謹案語法書宜分音聲．詞品．詞句三篇．而各宜爲固有之說明。不必懸印度日耳曼語法之一格而强我以從也。

第一音聲篇．敍述吾國語音聲之特質特徵．及其發展之由來。以大多數諧聲字爲準而繹其今昔之變遷。然後以今音別韻類．取韻(卽紐)之語頭音代以羅馬音標爲類首．而以音(卽古所謂韻)之音標切合之。所切之音註於字旁．爲讀音之準則。補諧聲字變遷之過語音庶乎其有定也。至音之性質及音節構造之說明．皆宜自立．不容依據印度日耳曼語．如母音子音半母音等界說．在音聲學已失其根據。吾國語音更莫須有是區別也。向从某聲．在音標則某韻與某音之切合。變遷而後．某韻弛或某音轉則成某聲。所宜說明者如是而已。不須子母音之名。更無須半母音之別也。又如音節者。希臘語 arthros 之譯名。印度日耳曼語往往不止一韻。段分之如竹節。故有此名。吾國則大抵一韻。有二韻者非疊韻卽收聲也。故比較上有單節之稱。國語之說明則曰疊韻曰收聲可已。（參觀第一篇第七篇）

詞品篇

第二詞品篇。敍述吾國語詞之本領。及其應用上之品類。今語所用。大抵詞各有品。有定品者類聚而羣分之。其有兼攝者亦例別其所異。所謂品者。自然摹倣之體狀用詞及發聲之歎詞又節詞五者而已。名理分別法於吾國語無取也。公名專名之別。在英語有冠詞添否書體大小之關係。吾國語則曰（鯉也死）語詞本體雖無異於鯉魚。不至誤也。而於詞品下設註之曰有作專名者。且蛇足矣。何則。吾國專名無辨。國語性質上不須設此種區別。而非專屬或常屬於形式之意義。（卽實質）卽非語詞本領也。

詞句篇

第三詞句篇。語詞得句而後生活者也。其職務其意義皆定於句中之關係。故語詞之位置爲此篇之要務。在吾國語以此補屈折之形式。示命意之所在。故此項之説明爲尤要。此詞句範疇論也。語法書中又有論詞句名理者．即以語法範疇表見於句處不同立論如句素之目語或以體詞．(例〔彼人也我亦人也〕)或以狀詞．(例〔道阻且長〕)或以用詞．(例〔仲尼居曾子侍〕)其語法範疇同而其所表見異。迦伯林之氏著支那語法書詳説之。自信爲語法之模範。然此項敍述．宜在品詞及詞句範疇論説明後矣。且應有之事實而又不能以畢舉。名理語法．終不免於挂漏．非所必須也。

吾輩以心理爲語法之本．無取於名理。故心理所應有者不爲特別之規定。心理上之所不必有者又不爲不足之補説。如語法上有主述二語素．歐西名理語法之所定也。於是欠者强解之曰省畧而自吾輩視之揮之曰〔去〕．招之曰〔來〕。指鼻曰〔我〕．對指曰〔爾〕．心理上祇此一念．語言上無之不爲不足也。何必謂爲省略哉。(參觀第三篇第五篇)

語法職務約言之分語詞形式．『音聲』語詞實質．『詞品』詞句範疇之三篇。然是不過便宜分法耳。巴西氏 Passy 之法語法．蘇蘇的氏 Sweet 之盎格魯撒遜語法。混實質範疇爲一篇。未見其不可也。在吾輩思之。論吾國之語法。或且不如混同之而自詞句始。蓋吾國語詞爲立體質。詞品迄無嚴格之分業。定詞品不免先舉句以爲例。若然則何如由句說起也。舉句察詞。以普通者定其品。而以特殊者作其彙。

辭書

以上論語法。其職務在語詞形式實質範疇等一般規則之說明。欲爲个个之說明及例外之解釋。則語法書有所短。惟委之於辭書。辭書者。註各語詞之音。解各語詞之義。時或論各語詞之範疇者也。完全辭書載古今音之變遷。語詞之由來。兼舉異音同義語及同音異義語。時且加一般語法之敘述而附以例外變態之說明。以補語法之不足。

辭書之任務若此。而在統一國語時。其任尤重。其體裁及編纂法。不屬此論之範圍。擬別著於篇。

標準語施行法案

此言制定方法也。既定之矣。其施行之方又不可以不講。約舉其大端。

一。國語教育。　小學教以國語及國語法。訂正其方音方言。中學繼之。大學則設國語學科研究之小學校一切教科書皆用國語編輯由國語統一研究會審定之。

二.强制公人使用. 官吏.公吏.議員.軍人.教師.學生等會議.公文.設講.公開演說.皆强其用國語。交際場.儀式場亦獎勵國語之使用。

三.獎勵書籍上使用. 於小學教科書以外.新聞雜誌小說及普通之著述.獎勵其使用國語.或加以相當之强制。

四.强制劇場使用 用國語作脚本以教優伶使全國劇場皆用國語。此法德意志用之.已見成效矣.

此統一國語粗略方法也.然統一非易事.亦非易言也。語言有生死之現象.非如度量衡得以金屬爲之也。金屬且有若干弸張率.況具有生命之語言乎。故方言方音發達變遷得勢而爲一般之所認.則不容防遏.宜參酌而訂正之。故統一乃程度之相去.標準制定則經常事業也。

標準語音之制定乃經常事業

第九編　論國語與國文之關係

文字之緣起

吾國文字何爲而作乎。曰自然發生．未嘗作也。緣何而自然發生乎。曰繪畫也而適於用．習用之而形態簡畧．遂發達而爲文字耳。故吾國文字發生之當時代表事物之本體．非直接代表特定音聲也。此自古發達之文字．如羅馬字亞敍利亞Assiria字．殆無不經由此途徑。而吾國文字尤爲繪畫直系之發達。

論象形指事會意諧聲

草昧時代之部落．神治也。以神廟爲行政之所。以神道設教。爰繪其祖先功績於四壁．以馴服其部下。五世之廟．禹之鑄鼎．猶留是殘影也。當時部屬皆敏於感覺神經者．瞻仰此畫．深印腦中．信仰崇拜．馴服於神．以至關係於其神之人。而君臣之階級起焉。作之君者．知繪畫之足以利用也．政令符節皆以用之。使用頻繁．因陋就簡．遂成象形之文字。日月山川等天地間有儀可象者．以一種神祕意味圖示之。束縛屈服象臣形．坐臨臣下象君形。更寓威儀於文字之中。所謂爲夬之政．以揚於王庭也。而百官以治．萬民以察．則神治繪畫之收效也。然用於政令以幹事．則象形有所不足．而指事以起。事無形者也．乃以意匠造作之．意匠造作．文字所以爲文字也。是爲脫繪畫之初步。

意

然意匠造作不已會意乎。曰不然。會意者，會合數字而爲一字，指事則雖有兩三體之複合，皆準體文而非字，偶有字亦非其主體也。故指事字別成一類。指事者，造意以象事，意不必寓於字之內，會意則所會之字各有其意，而總體之意即寄於其相與之間，此其辨耳。以言意之有無，象形字未嘗無也，畫日而圓，畫月而缺，象山有峯，象川而流，皆意也。君臣皆人也，無以別之，君以君權著，臣以服從著，則更非意莫辨矣。血象形字也，合皿與一二形而爲之。巢象形字也，合木鳥巢三形而爲之。以額理加目爲眉。以殳擊磬成殸。凡此皆象形而加意者矣。不寧惟是，其全體形不概見，以聲與意爲形者亦有之。如身从人从眉省聲，能从肉（象胸）从比（象足）目聲等是也。

指事則純體指事而外，更非意不能指矣，純體指事，近於省形。如弌弍弎純體指事字也，解說紛紛，吾覩台灣土人之懸記數珠於弋形之架下也，想見其象形矣。此外則大抵意會，特所會者乃文字與準體文之合體，非盡成文字耳。如以一爲界，上指曰上，下指曰下。以丨指示，上引曰進，下引曰退。不以意會，何由知耶。

諧聲亦然。曰某聲者音素。而其所从者意標也。如江河之水旁。示其水區域一種之意（是又得謂之一部之象形故諧聲亦曰形聲字）也。故曰象形指事曰會意諧聲。其間無截然之界說。意蓋大部之所共通也。此吾國文字所以見稱爲意標文字與。

音

不惟意也。音亦共通。如齒从止聲。舜之舛亦聲。金禽今聲。是象形亦兼音素也。牽从牛从叀古文玄。意亦聲也。朩象形八聲。是指事亦兼音素也。　會意字說文明言从某聲者無論矣。卽重意而不言聲。其音素亦有不容泯沒者。略舉常用字爲例。社崇皇取畋鼻劓奮聑青貫兕兩仰伍位什伯皋製危冰綴孱此教命芟䚡競異與筆堅喜㚤厚孿致華賣贊明輂辯字壹廿友哥科麻冒便表羨彣胞契喬惪冬電亂臾曳酋閏原堯等皆是也。

形

不惟意與音也。形亦共通。指事諧聲之兼形既述之矣。會意字亦有之。如牢雀夔父腦等皆是。　吾國文字律爲六書。然叚借轉注乃發達以後事。其成立則象形指事會意諧聲四者而已也。而四者大體通有意音形三要素。故吾國文

文字之成立發達

字可謂爲意音形三素所搆成。

吾國文字發生於繪畫習用則人事之不能形容者亦加意匠而象之。語言代表之文字成立於是矣人事日繁意匠日進合單文而會意乃孳乳而爲字。例如野蠻之世妻妾子姓語無區別。（士喪禮俠牀註）夫婦倫定乃有从女持帚之會意字。宗法社會重家長權未嘗有弟之稱字初借韋束次弟之弟至後方制𢍏字。然人事繁興思想發展猶未艾也。一一制字將不勝其煩故取意文及音文合爲諧聲字。此例一出所以代表單節語音者具矣蓋亦文字自然發達也。語言不外實質之概念與形式之音二方面。諧聲字以音素代表語言之形式而以所謂部首者代表語言之總體概念卽盡代表語言之能事矣。象形指事但將抽象概念具體化之而已。會意諧聲則以意之分析或音之綜合爲其發達之道。象形指事字無幾不復發達。會意多兼音標發達稍著。及其進也惟音標意標兼具之諧聲字獨多。其數實占吾國文字之什八。蓋發生上固爲繪畫之直系其爲用則以音標爲最要。故意音形兼具之文字其後天之發展亦以音標字爲最多。

意之變遷　叚借

雖然、語言非單純音聲也。其裏面有實質之概念。概念之中已混有主權者複雜之感想。發爲語言也、感想亦隨注於音聲。及其再現於視覺而爲文字也、更於文字形意中寄種種之聯想。故由語言文字之本體亦別爲意之引伸焉。信麥之來自天、借以名來。『西』鳥歸巢也、聯想及夕陽西下之時、乃名日沒之方爲西。『朋』羣鳥也、聯想及友朋、借以名朋。凡此皆所謂假借也。特思想要求分化、形意字易於結構、假借字久假不歸、本字又別立字以代之、是以不可復知耳。

音之變遷　轉注

此意之變遷謂之假借。意變而音亦非不變者也。方音之變、又促文字之改形。文字形變、感想及聯想又異、乃枝生別種之概念、轉生別種之語言、所謂轉注是也。建類一首、同意相受、說文轉注之解說也。所謂類者聲類耳。鄭君周禮序曰、就其原文之聲類、夏官序官注曰字从類耳、古類律同聲、聲類猶聲律也。首卽今所謂語基。語音之根對於孳乳後者以稱首基也。（方言曰人之初生謂之首）方言之差、大抵雙聲疊韻.以言聲類則大同。大同而小異.乃於一音首之下更制一字.則所謂轉注文字也。同部之字音聲相近而意義大同者.許慎氏大抵聯舉之以示轉注之微旨。芓蕒.萺蕌.蓨苗.蕭萩.走趨.遷遞.譸詶.幺幼.刑剄.標杪.皓皞.燀照.洪洚.霽霎.緐緐等諸所聯舉者.古音皆同部或相轉者也。是在古不過一語.因方音之差乃孳乳別爲字.謂之轉注。且不必同一部居也.一名一義.孳乳二字以上亦往往爲轉注。例如士事.丰莑.火焜燬.羊羬.恫痛俑等同音字。屛藩.幷匕.旁溥.亡無.謀謨.勉懋慔.楙茂蕪.迎逆迓.空窠.丘虛.但褐.雁鵝.冂圓圜.弱柔集.突窮.誦讀.媼嫗.嬖炊等雙聲疊韻.亦轉注之例也。說文但舉考老以爲例.壽苟亦此類之轉注.皆方音之轉也。類言聲類.言非五百四十部。首言聲音非云某之屬从某也。轉者音聲之輾轉.注者挹彼之意而注於此也。意分化者別爲一義.否卽爲同義異音字矣。

後天發展（變遷）

由表象而成概念.由概念而生語言.此語言先天發展也。其後先有語言.由語言而得概念.卽無形之事物不能直接經驗者先从語言會得其概念.然後想

綜言六書

見相當之表象。此語言之後天發展也。吾國文字。尤能助長此後天之發展。轉注假借其顯著者也。有音於茲。爲一社會所不能發或不欲發者。乃起方音。而固有字音爲不適於代表。於是不得不別制一字以切之。然社會原有交通性。而語言文字又爲交通之要具。此字此音乃侵入於他社會。而自他社會視之。不無新奇之感。由新字新音會得其概念。而當會得之際。已加此社會从來之心理作用而雜糅之矣。此考老之意義。所以距離也。文豪者起。認容此新字新音。網羅之而開一例。義近似者保留原意作異音同訓字。其差之甚者乃別作一字。是卽轉注之例也。習用而語意引伸。以舊字代新義。是謂假借。習用而語音展轉。制新字生新義。是謂轉注。二者語言之後天發展也。文字發生於象形。成立于指事。發達於會意諧聲。而變遷於轉注假借。此所謂六書也。象形而後。應語言而發達者也。

通借

文字既應語言而發達。故音標字之發達獨盛。而同音字爲之多。文字之用。既不過指語言之音。故所謂通借者以起。如今所用之〔左右〕實借佐佑而爲之。

諧聲之韻變

其本字ナ又也。左右爲ナ又所借。其本體乃加入旁以示辨。〔前〕本卽今之翦。借作歬後之歬。前乃加羽以示辨。左右之於ナ又。其音今猶同也。前之於翦亦相似也。又有古同音相通借而今難辨者。如〔何天之休〕休卽好。在古同音相通借也。通借非意之引伸。非字之形似。任意借同音之別字作語言代表耳。此例在先秦文籍極多。訓詁家往往惑之。不知古音古語。臆度而傳會之。以今度古。古書神祕矣。不知古人言文一致。同音通借。而乃規規焉求之於今音今義。宜乎其惑也。

雖然吾國音標文字。乃个別約束之音。非音素之相切也。一變斯本音難於究詰矣。音之變遷。曾述其大略。韻之變遷。試於諧聲研究之。

諧聲字占吾國文字之什八。其所從之某聲吾輩所認爲音標者也。特此音其標音既有大小收聲之差。其韻亦輾轉非昔矣。古聲之胡。工聲之紅。公聲之翁。叚聲之瑕。夾聲之挾。甲聲之狎。見聲之莧現。气聲之餼。幵聲之刑。雚聲之歡。咼聲之禍。區聲之歐。干聲之汗。谷聲之浴。角聲之斛。句聲之煦。羔聲之窯。丂聲之号.高聲之蒿.斤聲之欣.軍聲之運.今聲之会.毄聲之繫.元聲之完.午聲之許.此顎音轉爲喉音之例也。然其反對亦有之.如異聲爲冀.羊聲爲羌姜.臣聲爲姬.或聲爲國.危聲詭.奚聲谿雞.益聲鐲.肙聲鵑.與聲舉.虍聲虖虧.戶聲顧.由聲軸.爻聲教.玄聲牽.咸聲感.衍聲愆.合聲袷等.皆喉音轉爲顎音例也。諧聲字之音標.喉顎二音相通者實多。曲紅亦曰曲江.治容亦曰蠱容.肉倍孔亦曰肉倍好。然本其相通而已.孰爲本音.孰爲輾轉後者.不可知矣。

顎喉音有轉爲舌音者.如㠯聲爲台能。弋聲爲代忒.攸聲爲條.由聲爲笛.睪聲爲鐸.臽聲爲稻韜.尙聲爲當.余聲荼.俞聲媮.炎聲談.易聲湯.甬聲通等.其例也。顎喉音又有轉爲齒音者.〔卽齒背後舌端〕如魚聲爲穌.戶聲爲所.羊聲詳.易聲傷.血聲恤.弋聲式.樂聲鑠.公聲松.殸聲聲.谷聲俗.勻聲句.牙聲邪.彥聲產.也聲施.告聲造.執聲褺等.其例也。

反之舌音有轉爲顎喉音者.如多聲爲宜爲移.𠂤聲爲歸.彖聲爲緣.兌聲爲閱.蟲聲融.衆聲爲䌰褱.殳聲爲股殺.其例也。齒音亦有爲顎喉音者.如出聲爲屈.

彗聲爲慧．戌聲威．佳聲唯．氏聲祇．矢聲疑．咠聲揖．丞聲巹．川聲訓．井聲荆．僉聲劍險．旨聲詣稽耆．其例也。

顎喉音有轉爲唇音者．如墨聲爲默．久聲爲畞．交聲駮．已聲汜．囧聲朙等是也．反之丙聲叓．勿聲忽．每聲悔．网聲罔．文聲虔．分聲賁．則爲唇音轉顎喉音之例。

顎喉音更有轉爲卷舌者．如魚聲爲魯．谷聲爲洛路．京聲爲涼．柬聲爲闌．果聲裸．兼聲廉．監聲濫．樂聲礫．聿聲律．卯聲柳等是也。反之．翏聲膠．呂聲莒．今聲矜．立聲位．鬲聲隔．則爲卷舌轉顎喉之例。

是等之輾轉．但據今日之音聲學不得而說明之。同音間清濁之轉訛破障音之輾轉摩擦音之輾轉等．固音聲上普通現象也。然此所謂輾轉者．往往流轉於喉音等比較容易之音．所謂避煩難就簡易。一方之傾向．非相互之輾轉也。相互則孰先孰後且無從知．欲爲音聲學之說明．更難事矣。其中顎喉音輾轉爲卷舌．在音聲學言之且爲不可能。是蓋今日音聲學大抵就多節音相與之間立論．卽同音作用不同化作用等他音響影上之輾轉也。而吾國語音大抵單節。欲保其名價之性質强。殆無此等之作用。（考工記故書以兩樂爲兩變殆聞化作用也然是複合語也不可以常例律之）故其韻之變遷。起於特殊之方音。或同音字過多。欲區別之而强爲變更乎。其中卽有音聲學原則之存。而所从之原音未知以前。其變遷之原則無從知也。以上所述。特現象耳。現象之中。惟顎喉二音爲共通。所可知者。如是而已。

字形之變遷

是音標變遷現象也。然變遷不獨音標而已。形態亦然。相傳蒼頡造字。然形態未定也。周宣王時史籀始作大篆。雖筆畫繁多。文字得由是統一焉。秦李斯作小篆省略之。已因陋就簡矣。至程邈以隸書方書之。日月作長方形。鳥有四足。卽象形字無形可象矣。甘之口爲廿字。卽指事指不成事矣。㬊从頁从臼从夊卽有首有手足之中國人。隸書變爲夏。首不完而手失。卽會意會不成意矣。歙禽聲也。隸書變爲食。諧聲之聲不諧矣。此隸書起形態變遷之現象也。而猶不至此。吾國文字雖云木强難變。其變遷正復不少也。如星上之三星變爲日矣。集上之三隹祇一隹矣。冰贅一點。決況准皆欠一點矣。曷下本匃。夸下本子。卿

言文之背馳

中本皂，台能之上㠯，當之上向，融旁蟲，句上勻，威上戌，更上丙，罔上网也。是皆諧聲之音標也見前舉例又拿之上奴，添吞之上天，聽呈之下壬，是皆諧聲音標也。而今不可復見。在心理言雖曰省略作用類推作用自然之變遷，然音標意標經變遷而不明，於是反之有加意標於本字者矣。如菁加木旁，藏加肉旁，孚加卵，直加人。此種加添，殆無部無之也。甚且有然之下本有火而更添火旁，氣加水旁食旁而與固有之汽餼相衝擊者，其當否且勿論，變遷之事實蓋若是也。說文解字不過九千三百五十三字耳。至唐而二萬六千，明末四萬五千，康熙字典蓋五萬六千有奇也。是非古書之收羅，大抵後人之所造作者耳。學術之語不加多，事物名稱之增加者又無幾，然則多數文字之增加，果何爲耶。以吾觀之，是殆徘徊於形意之間，徒作無謂區別耳。音標不能隨語言而發達，遂爲治文字者所遺忘，於是蔽於文字之形義，崇拜之，神祕之，修飾之，損益之，而言文從此背馳矣。文字之職用不過補語言之缺憾耳。語言在空間不足以達遠，藉文字以達之。在時間不足以傳久，藉文字以傳之。其職用如是而已。然則其對於語言之關係．語言象徵主也。文字象徵从也。語言爲思想之代表．文字更爲代表之代表．對於思想蓋間接也。自語言學言文字本體且不過一種無生命之象徵也。雖然無生命之象徵而能起國民崇拜心如吾國文者．則又別有因緣在。吾國文繪畫之直系發達也。發達之後雖取音標勉接近之於語言．然音標之外．意標依然。且音標不過个別之約束．不足追隨語言之變遷也。意標乃轉爲文字之特徵。有意可尋．有儀可象．於是一見文字其感想其聯想皆傾注之。語言者．思想之聽覺象徵也。而此爲直接視覺象徵矣。其理由更分別言之．一以彰吾國文字之特色．一以明言文背馳理由也。

吾國文字之特色

一．形意之本體今雖不肖而面影猶存．使讀者起觀畫之感．表象活現．助長類似聯想之精神作用．

二．結構而成．統體二元 Two dimensions 使讀者起具體莊嚴之感．且易於辨認。

三．字形複雜則能攝廣．表象概念轉由文字而生。卽所謂望文生義。

四、形意文字之構成詞句也、珠聯玉綴、自成機杼、易起讀者之接近聯想、情調聯想。

五、單節音文字易造韻文。其構成文句也、气息節與談話節得以一致。

六、一音而同義或類義之字多、儷語偶語易於排比。喚起讀者之注意而奪其心目。

七、無語尾之變化、有自然之位置。文人得利用位置之順序、運用其技術以作美文、使讀者起審美之感。

八、含蓄之意既多。文字之外又往往聯想他意、使讀者得深長玩味。

九、形式之表示在於位置關係上無形之間。簡單而益助意之發達。

十、同一字也、因其位置爲體詞、爲狀詞、或爲用詞節詞、文無定職、用者神化之、讀者益神祕之。

十一、能攝本豐富、易於結合、則所攝尤廣、蒐成學術語、助長哲學思想。

十二、男子力田、婦人持帚整理家庭、父執杖以維持其父權、田區劃之而分耕．推古社會組織及社會心理之一般．助讀者懷舊之念。

十三．音形意三者爲構成吾國文字之要素．則其變遷得以尋究．其譌誤易於更正。

十四．文字形態木强難變．詞彙又夙發達．四千餘年之文獻尚可徵者．喚起文藝復活及國民之感情。

十五．語言一音不足時或以二音三音爲之．文字則仍保一音一義．使讀者起簡勁之感。

十六．一字一音一字一義．意隨形轉．分合自如．用爲文章學術語．莊嚴而流麗。

十七．文字形態婉曲．書法又自昔美術的發達．對於字形亦易起審美之感想。

十八．集形成字．寓意於形．雖不發聲．亦能心得吾國文字．蓋超耳治之境矣。

言文背馳之理由

質言之．保形意之面影．作思想之視覺象徵．與語言相對待而發達者．吾國文字之特色也。人類感官之發達、視覺原較聽覺爲先、卽形態表象較諸音聲表象其經驗爲尤早。先入强盛之表象、其來復易、故視覺表象之再現較聽覺爲尤易。而音聲之性質又不若形態性質之易於固執而調整。單節語音其表象更單調、往往資形態以爲助。（如語無前後關係或述姓名常假字形爲註釋是也）而吾國文字之形態又有如許之特色。吾國人民之心理又富保守之特性。於是語言變遷不息、文字不肯隨之、語言範圍轉爲文字侵入矣。文字發達諧聲所以獨多者原期代表語言耳。文字變遷又開轉注之例者、亦期適切語音耳。無如文字之變遲、語言之變速。本強之字體、約束之音標、其變更遲、教育未普及之社會、語法語彙等著作未發達之語言、其變更速。於是文字之中、保守既死之語言、異方之同義類義字。語言之實詞雖猶保其文字之音、虛詞則非文字之所及、語音字音、相去遠矣。語言爲音意表象之結合、文字爲形意表象之結合、其所一致者意之表象而已。譬彼代數、其內容之數目雖與算術同、而用符號直接代數目不假數字之間接、遂脫離算術別成一部矣。

文字病

麥克斯牟拉氏以語言之帶神話意味者謂爲語言病。然則吾國象形文字亦殆文字之病者與．然是原于蠻人之恐怖心宗仰心及擬人之心理．雖欲謂之病．亦自然病而已矣。且發達而爲諧聲也．所謂病者亦宜其平治矣。奈何音標之外．尙留意標．橫斷面之發達．音標轉爲所遺忘。轉注之例．不足以切語音．轉由字而生別義。假借益以助形意之發達。游離語言．迷失本真．語本無病．病自文字起也。湯武之革命．假皮去毛之革爲之．斡父之蠱．假皿蟲之蠱爲之。易象也．假借懸擬最甚．莊子曰（吾無糧我無食）曰（今者吾喪我）更以轉注語爲儷語而神化其意。太史公謂苛曰（吹毛求疵）謂猛曰（鷹擊毛鷙）更啓文字帖括之用．以言文學．之數書者殆造極矣．然亦言文紛歧之道也。以吾國民之保守性而又有文字文學若是．奉爲圭臬而又不能用之於語言．卽所稱爲雅言社會者亦不過略用其實詞．其節詞其成語則死朽已久．不能用于一般今語也。於是優孟古人傾注之於文學．漢之經術．魏唐之詩賦．宋明之帖括．三千年之時間．幾千萬人之心血．無非齩文嚼字．言古人之言耳．大文章無非各時代死語之復活也。遠之十三經．近之宋人之語錄．用之於今皆文章矣。故韻文又當別論．其他所謂文語與口語之相去．不過古語與今語之差也。韻文割截語气．別有體裁．卽不有文字之安達曼島 Andaman 土人亦有之。其他文學之淵源皆口語．稱所謂文章無非各時各地口語俗語之混合。故文學印刷術自昔發達如吾國者．文與語相距爲尤遠。此中消長蘇彝的氏亦確乎言之矣。

雖然．發達至今病理亦成爲生理。有理由有歷史．決非人爲之所能脫棄。數千年數萬里之方言．數千百年來經無量刼之國民精神．其統一實有賴於是也。方珍重之不遑．又安忍脫棄之。苟教育普及．一般知文詞之適用．而大思想家大文豪如德意志哥德氏 Goethe 西來而氏 Shiller 其人者．更起其間．以古語補今語之不足．以古語防外語之侵入．自成純粹國民之文學．定言文一致之國語．此吾輩之所馨香禱祝者也。然是既不可旦暮遇．而謀教育之普及又非從來國文所能奏其效。故吾輩權擬倡近於語言之質文．以應義務教育之實用。質文建設案．謹擬如左。合標準語音制定案．敬待同志之討論。

質文建設案

一，質文應用文字約二千字已足，編爲字典語法，依其發生之順序而註六書類於其下，略說意標音標之變遷而定以今文今義，及今所用義應屬之詞品，與今語一般之語法，編爲教科書，通行之於全國。

二，實詞必求諸音義相近之文字而以標準語音講讀之，虛詞亦用同音字，其不同者讀之使同，務使言文接近。

三，同音異義語詞酌取其一，異音同義或類義語詞爲語言之所無者不取。

四，假借字之非習用者省之，轉注字之不見用於語言者廢之，通借字之爲廢語者棄之，古文詞之詞品兼攝者以今語爲標準定於一。

五，新事物之名稱及表彰新思想之語詞，勉用複合語詞爲之，不須作新字。外語亦勉用義譯，（惟無義之名如人名地名或新發明物之以專名名者自取音）日人義譯語詞於漢文可通者用之，否則改之。（擬有論譯名一篇附後此條詳見彼中）

六，繁縟之稱呼，如稱人曰足下閣下曰執事等，但取語中所常用之一，崩薨卒不祿等無謂之區別，階級制既廢，自亦一死字可矣。餘類推。

七．詞句以達意爲度．陳語古文古典不倣用。如黽勉密勿匍匐蒲伏古語音通借字也今無其語而用其字乘輿薦紳漢制也今且無物而用其字吳越秦晉古地名也今名已更而仍用之以爲古雅脫帽曰免冠就位曰就席甚且下第曰作劉蕡逃亡曰作黃鶴衒弄瑣碎之古典吾見某處告示之戒軍人也有曰此偶合之烏雖保無害翠弄之馬果罹以有限之血蚨養無敗之飛蝗爲烏爲馬爲蝗實皆人也亡清官樣文章大抵如此此吾國文字末流之弊也用之於文章遊戲固無妨欲以之治百官察萬民也則惑矣質文以應用爲主故致斷言其不可

【附】論譯名

傳四裔之語者曰譯。故稱譯必從其義。若襲用其音。則爲借用語。音譯二字不可通也。借用語固不必借其字形。字形雖爲國字而語非已有者．皆爲借用語。且不必借其音也。外國人所湊集之國字．撰諸國語不可通者．其形其音雖國語．其實仍借用語也。借用語原不在譯名範圍內。第世人方造音譯之名以與義譯較長短。故並舉而論之。

社會不能孤立。言語又爲交際之要具。自非老死不相往還如昔之愛斯幾摩人者．其國語必不免外語之侵入。此侵入之外語謂之借用語。然言語爲一社

會之成俗。借用外語非其所習。亦非其所好也。不習不好而猶舍己從人。如波蘭人之於俄語者可不論。不然者，必其事物思想非所固有。欲創新語其國語又有所短，不得已而後乞借者也。固有之事物思想少而國語不足以爲譯者，概言之，卽其國之文化相形見絀，而其國語之性質又但宜借用不宜義譯耳。波斯語中亞剌伯語居多數，英語中拉丁希臘法語等居七分之五。日語中漢語等居半。是其彰明較著者也。吾國語則反是。自來中國與外國交通惟印度。佛法入中國時，侏離之言隨之。所謂多義，祕密，順古生善，以及此土所無者。皆著爲例。稱五不翻也。然迄今二千有餘載，佛法依然。不翻之外語，用者有幾，頂禮佛號以外，通常殆無聞也。外患之侵，無代蔑有。外語之防，則若涇與渭。征服於蒙古者百年，而借用歹以代不好，如鄭思肖所稱者，殆爲僅有之例。征服於滿洲者亦幾三百年，語言則轉以征服之。借爲我用者，殆絕無也。迨于晚近，歐西文物盛傳。借用外語者方接踵而起。持之有故言之成理者，約舉之蓋有六派。

(一)象形文字多艸昧社會之遺蹟。思想變遷。意標依舊。於是以爲非外語不足以表彰新穎之名詞。嫌象形之陋。主張借用外語者。此一派也。

(二)意標文字多望文生義之蔽。名詞爲通俗所濫用。習爲浮華。泛然失其精義。則利用外語之玄妙。以嚴其壁壘。此一派也。

(三)僑居其地。諷誦其書。對于外語名詞聯想及其文物。嚮往旣深。起語詞包暈之感。以爲非斯詞必不足以盡斯義者。此一派也。

(四)名詞之發達不同。卽其引伸之義不能無異。輾轉假借。又特異於諸語族之所爲。藉以表彰新事新理。所含衆義。往往不能吻合。則與其病過不及。毋寧仍外語之舊。以保其固有之分際。此一派也。

(五)習俗不同。則事功異。風土不同。則物產異。西勢東漸。文物蒸蒸。吾國名詞遂無以應給之。此土所無。宜從主稱者。此一派也。

(六)北宋之亡。民曰以媮。文敝言廢。常用不過千名而止。事物雖繁。莫能自號。述易作難。姑且因循者。此又一派也。

最後二派，鑒於事實不得已。前之四派則持名理以衡言語者也。今先向名理論者一爲解說。然後就事實論者商榷焉。

天地之始無名也。名之起，緣於德業之摹倣。艸昧之人摹倣不出感覺感情二事。則粗疏迷離之義，遂爲名詞先天之病矣。此麥斯牟拉之所云。諸國語之所大同者也。習俗既成，雖哲者無能爲力。竭其能事，亦惟定名詞之界說，俾專用於一途。或採方言借用語以刷新其概念耳。然方言借用語既未嘗不同病。定義之功，新奇之感，又不過一時而止。習久則用之泛濫，義亦流而爲通俗粗疏迷離，又如故矣。療後天病者，其法其功亦不過如前而止。費文豪之大力，作一時之補苴。思想之進化與言語之凝滯，其相去終不可以道里計。二十世紀光明燦爛新世界，聆其名詞，非不新穎玄妙也。語學者一追溯其本義，則索然於千百年之上矣。象形文字固其彰明較著者。音標語亦復如是也。通常用語，既因循舊名而不變。學術新語，亦大抵取材于希臘拉丁而損益之。其舊社會之文化，未嘗高出於吾國，其措義獨能適用於今乎。知其不適而徒取音之標義，乃利其晦澀以自欺也。則非學者所當爲。將利用其晦澀以免通俗之濫用也，其效亦不過一時。習用之而知其本義，則粗疏迷離之感，既同于意標。習用之而不知，則生吞活剝之弊，或浮于望文生義矣。推其本原，一由人心措詞張皇欲爲之。一由聯想習慣性爲之。科學不能私名詞爲己有，卽不得袪其病而去，語無東西，其敝一也。人心既有張皇欲矣。發語務求其新穎。冀以聳人之聽聞。聞者固亦有張皇欲而以新穎爲快也，新名詞既奏其效，遂於不甚適用處亦雜湊而嘗試之焉。輾轉相傳。名詞遂從此泛濫矣。淫巧浮動之國民，其張皇之欲望，其習慣之變遷愈甚。則此泛濫之病愈劇。泛濫者日久而厭倦也，則與外語相接觸，卽取而借用之。苟其文化較遜，則對於借用語不惟起新穎之感。亦且不勝崇拜之情焉。一見聞其名詞，恍乎其事其物，皆洶湧而靡遺，是所謂包暈之感也。此感既深，對於借用語遂神祕之無以易。而不悟此包暈者爲吾心自發之聯想，爲名詞後起之義，及至習以爲常，吾心之役于外語者蓋已久矣。使向者獨立自營，雖事物非吾固有，而名與實習，固亦能如是也。名者實之賓而已，視用爲轉移，何常之有。雖名詞既成後，引伸之義，不能無異同。然如吾國語者易於連綴兩三詞成一名詞。義之過不及處仍得藉兩三義之雜糅有以損益之也。

例如邏輯，猶吾國之名學也，論者以名之義不足以概邏輯，遂主張借用之而不譯。夫不足云者，謂從夕從口取冥中自命之義，其源陋也。謂通俗之義多端也。謂引伸之義不同也。亦謂西洋之邏輯褎然成一科學，尤非吾國昔之名學比也。是固然矣。然邏輯一詞原於希臘。訓詞訓道，其本義之褊陋略同。引伸詞與道之義。舉凡一切言之成理，本條理以成科學者，皆結以邏支邏支者，邏輯之語尾音變也。吾國語特木强難變耳。刑名爵名文名散名，其引伸處亦有同者。假借之義，誠不若吾國之多。然能以之爲科學而研究之，則斟酌損益仍非無術。曰演繹名理。曰歸納名理。望而知其爲名學之專名。其義所涵，視隱達邏輯題達邏輯之。但作內引外引解者，有過之無不及也。豈得以其易解易泛之故因噎廢食哉。況教師就任曰隱達。折減以去亦曰題達。易地皆然。浮泛之病，不自吾始乎。培根後之邏輯與亞利斯多德氏所草創者．較其內容之精粗．相去懸如。培根甚且斥亞氏之邏輯爲無裨于人知。然斥之而猶襲用其名不變者．希臘拉丁語固爲西洋諸國語之母。向且誦其書以學邏輯之學矣。深入人心．積重難變。概念隨用義爲轉移．無待乎變更。強欲變更．而詞義膚淺之國語．又有所不足也。不足云者．文化短絀．未嘗具此概念。語詞之發達．又以在物質在感覺者居多。表形上之思．粗笨不適也。吾國語自與外語接觸以來．對外文化之差．既非若波斯之於亞剌伯、英之于拉丁希臘日本之於我。詞富形簡、分合自如．不若音標之累贅、假名之粗率。數千年來自成大社會。其言語之特質又獨與外語異其類。有自然阻力若此．此借用語所以至今不發達於吾國也。況意標文字中取借用音語雜糅之詰屈聱牙．則瞭解難。詞品不易輾轉．則措詞句度難。外語之接觸不僅一國．則取擇難。同音字多．土音方異．則標音難。凡此諸難事．解之殆無術也。

主張借用語者寧不爲葆重學術計乎。對於通俗則磔格不能入．徒足神祕其名詞而閣束之。稍進者據吾國所定學校之學科、宜已通解一二之外語，卽無需此不肖之贅瘤。更進則悉外語之源流。當益鄙以羊易牛之無謂矣。形象粗笨如德語，對外新名詞亦勉取義譯。且不復借材於希臘拉丁之舊語。十二三世紀以來，意之但丁英之倉沙，德之哥德等，無不以脫棄外語鼇正國語爲急者，蓋國家主義教育之趨勢也。彈琵琶學鮮卑語者方洋洋盈耳。挽之猶恐不及，奈何推而助之耶。

理之曲直若彼。勢之順逆計之得失若此。吾於是決以義譯爲原則，並著其例如下。

(一)吾國故有其名，雖具體而微，仍以固有者爲譯名。本體自微而著，名詞之概念，亦自能由屈而伸也。

例如名學原有概念，雖不及今之西洋邏輯，然其學進，其名之概念必能與之俱進。亦猶希臘邏輯之於今日也。

(二)吾國故有其名，雖概念少變。仍以故有者爲譯。概念由人，且有適應性，原義無妨其陋也。

例如穀一稔爲年。月一周爲月。夜一轉爲日。今者用陽歷。概念雖少變。以之表四季三十日十二辰之時依然者。無妨沿用吾舊名。以四季爲年。（季節之原于農時義亦）以月周爲月。對夜而稱日照時間爲日。西語亦大畧相同。至今未見其不通也。以序數稱日。略『日』之語詞。則猶吾國以基數稱日耳。亦未嘗以『號』相稱也。

（三）吾國故有其名。雖廢棄不用。復其故有。人有崇古之感情。修廢易於造作。

例如俗名洋火。不可通也。吾國故有焠兒火寸等稱。（天祿識餘載杭人削松木爲小片薄如紙鎔硫黃塗木片頂分許名曰發燭又曰焠兒史載周建德六年齊后妃貧者以發燭爲業宋陶公穀清異錄云夜有急苦於作燈緩有知者披彩條染硫黃置之待用一與火遇得燄穗然呼爲引光奴今遂有貨者易名火寸）曷取而用之。

（四）但故有之名。新陳代謝既成者。則用新語。言語固有生死現象。死朽語效用自不及現行語也。

例如質劑非不古雅也。第今者通用票據。則譯日人所謂手形者。亦自譯作票據可已。又如古之冠不同於今之帽。免冠又非若今之行禮也。有譯脫帽之禮爲免冠者。事物不稱。飾從雅言。百藥所以見譏于子玄也。

(五)吾國未嘗著其名。日本人曾假漢字以爲譯。而其義於中文可通者從之。學術天下公器。漢字又爲我固有。在義可通。儘不妨假手於人也。例如社會淘汰等語。取材於漢籍。主觀客觀等語與邦人所譯不謀而合。尤覘書同文者其名儘可通用也。

(六)日人譯名雖於義未盡允洽。而改善爲難者。則但求國語之義可通者因就之。名詞固難求全。同一掛漏。不如仍舊也。例如心理學以心之舊義爲解。誠哉其不可通。第在彼取義希臘。亦旣從心。而概念刷新。今義已無復舊面目矣。欲取一允當之新名不可得。則因陋就簡而已。

(七)日人譯名誤用我故有名者。則名實混殽。誤會必多。亟宜改作。例如經濟義涵甚廣。不宜專指錢穀之會計。不若譯生計之爲愈。場合爲吳蜀人方言．由場許音轉．其義爲處。不能泛指境遇分際等義也。又如治外法權．就吾國語章法解之常作他動字之治字。下綴以外字者．宜爲外國或外人之隱名。若欲以外爲狀詞．其上非常用爲名字者不可。（例如化外）王遵憲譯日本國志序．治外法權概譯爲領事裁判權．固其所也。然則譯作超治法權、或超治外法權何如。

（八）故有之名．國人誤用爲譯者亦宜刪去更定。誤用者雖必廢棄語．第文物修明之後．復見用則又殽惑矣．是宜改作者。第近似相假借者則言語所應有．自不必因外名之異．我亦繁立名目耳。

例如鎕銻本火齊珠也．今借銻以譯金類元素之名。汽本水涸也．今借汽以譯炁气之名則不可。第如臭煤曰煤。古樹入地所化亦因其形似曰煤．則不妨假借。不必因外語異名而此亦異譯也。必欲區別．加限制字可已。

（九）彼方一詞而衆義．在我不相習易于殽惑者．隨其詞之用義分別譯之。

例如『櫰威稜帖』(Sovereignty)一詞英人假借之至於三義。吾譯應從其運用之方面及性質。或譯主權。或譯統治權。或譯至高權。不能拘于一也。又如財產權物權亦有權。英人以『伯勞伯的』(Property)一詞概之者。在譯者則宜分別之。此假借不同也。(不悟假借之異宜有各執一端以相訟者矣)又有西語簡陋而吾國特長者。亦不當從其陋。如伯叔舅之稱無別。從表兄弟之稱無別。斯所謂窕語也。自亦宜分別爲譯。舊邦人事發達萬端。西方恆言在吾爲窕語者。固不知凡幾也。

(十)彼方一詞。而此無相當之詞(即最初四條所舉皆不存也)者。則併集數字以譯之。此土故無之術名性以一詞相傅會。不惟勢有所難。爲用亦必不給。況國語發展有多節之傾向。科學句度以一詞爲術語亦蹇跛不便乎。例如『愛康諾米』(Economy)譯爲理財。固偏于財政之一部。計學之計字。獨用亦病跛畸。不若生計便也。

(十一)取主名之新義。非萬不得已。(如心理等詞改善爲難者)毋取陳腐以韜晦。例如『非羅沙非』(Philosophy)日人譯爲哲學。已得梗概。章師太炎譯爲玄學．尤闡其精義。愛智二字．造者原爲偶然．還從其陋．無謂也。

（十二）取易曉之譯名。毋取曖昧舊名相殺亂。

例如『狃脫』(Neuter)原謂不偏．譯作中或中立可也．假罔兩之鬼名以混之則惑矣。又如文法上諸名詞．馬氏文通所譯．皆明暢易曉。不曰動字而曰云謂。不曰介詞而曰介斈。轉似晦澀而難知。

（十三）宜爲世道人心計取其精義而斟酌之於國情。勿舍本齊末小學大遺以滋弊。

例如權利義務．猶盾之表裏二面．吾國義字約略足以當之。自希臘有正義卽權力之說．表面之義方含權之意。而後世定其界說．有以法益爲要素者。日人遂擷此二端譯作權利．以之專爲法學上用語。雖不完猶可說也。一經俗人濫用．遂爲攫權奪利武器矣。既不能禁通俗之用．何如愼其始而譯爲理權哉。義務之務字．含作爲之義．亦非其通性也．何如譯爲義分。

（十四）一字而諸國語並存者．大抵各有其歷史事實及國情．更宜斟酌之分別以爲譯。

例如吾國舊譯同一自由也。拉丁舊名曰『立白的』Liberty，以寬肆爲義。盎格魯遜本語曰『勿黎達厶』Freedom 則以解脫爲義。蓋羅馬人遇其征服者苛酷而褊嗇得享較寬之市民權者便標爲三大資格之一。與英人脫貴族大地主之束縛者不同也。此譯亦既不易改作矣。後有類此者似宜愼厥始。

（十五）既取義譯，不得用日人之假借語。（日人所謂宛字也）既非借用，又不成義，非驢非馬，徒足以混殽國語也。

例如手形手續等，乃日人固有語，不過假同訓之漢字攙掇以成者。讀如國語而實質仍日語也。徒有國語讀音之形式，而不能通國語之義，則仍非國語。讀音之形式既非，實質失其依據，則亦非復日本語，名實相殽，莫此爲甚。稟據之故有語，程敍之譯語，未見其不適也。是亦不可以已乎。

（十六）既取義譯，不必復拘其音。音義相同之外語殆必不可得。則兩可者其弊必兩失也。

例如么匿圖騰。義既不通。音又不肖。粗通國文者。或將視之爲古語。通外語者又不及聯想之爲外語。似兩是而實皆非。斯又焉取斯哉。卽如幾何有義可解矣。然數學皆求幾何。于斯學未嘗有特別關聯也。彼名『幾何米突』(Geomtry)原義量地。幾何地之義也。割截其半將何別于地質學地球學地理學等之均以幾何二音爲冠者乎。音義各得其一部。不如譯爲形學多矣。

(十七)一詞往往有名字動字兩用者。譯義寧偏重於名字。所以尊嚴名詞概念也。用爲動詞則或取其他動字以爲助。

例如『題非尼苟』(Definition)日人譯爲定義。此譯爲界說。就吾國語句度言之。名字上之動字常爲他動。其全體亦卽常爲動詞。定義有兼攝『題反』(Define)動字之功。然非整然名詞也。寧取『界說』雖木强而辭正。欲用爲動詞則不妨加作爲等字。

（十八）名詞作狀詞用者日譯常贅的字原於英語之『的』ty或『的夫』tive語尾兼取音義也國語乃之字音轉通俗所用爲名代者羼雜不馴似不如相機斟酌也。

例如名學的、形學的可譯爲名理、形理。國家的、社會的或可譯爲國家性、社會性。人的關係、物的關係可譯爲屬人關係、屬物關係。道德的制裁、法律的制裁。可譯爲道德上制裁、法律上制裁。相機斟酌不可拘也。

（十九）日語名詞有其國語前系或日譯而不合吾國語法者義雖可通不宜襲用。防殽亂也。

例如相手取締等有相取前系而不可通者十五條既概括之矣。卽如打擊排斥御用入用等帶有前系詞及所有持有等諸譯名義非不可通者然不得混用。此非專關外語也。外語而與國語似而其法度異足以亂國語綱紀者不得不闢也。

（二十）器械之屬故有其名者循而摭之。故無其名者自我譯之。名固不能以求全，第淺陋迷信排外媚外等義不可有。
例如洋火，淺陋也。鐘曰自鳴，迷信也。何如循舊名曰焠兒曰鐘乎。（歐語語源亦大抵鐘之名）舊餐曰番餐，排外也。曰大餐，曰大餐間，曰大衣，大帽，又由排外變而爲媚外。若爲大勢所趨，則余欲無言。不然，欲區別之，冠以西字洋字可也。必欲號稱新奇如古之稱胡麻飯貫頭衣各與以譯名，亦無不可，烏所用其感情哉。此以義譯爲原則者也。第事物固有比字屬名以定其號而終不可題號者，則無妨從其主稱。

（二）人名以稱號著，自以音爲重。雖有因緣，不取義譯。如摩西以水得名，不能便取其義而名之曰水。嚴格言之，如慕容冒頓之慕冒，輕唇音，且宜讀古重唇以肖其原名也。（闕氏迄今猶讀胭脂者其嚴格者也）然讀史在知其爲人。苟但求西史普通知識，則人名亦不妨略肖國人姓名以便記憶。收聲等無妨從略。華盛頓那破崙等名，通俗知之。蒙古印度史中人名，雖學子不能記憶。無他，相似者易爲習，詰詘者難爲單節語國民識也。孔孟二名之作羅馬音也，賚有 us 拉丁語尾，西人遂一般習知之。且未嘗誤會其爲希臘羅馬人也。以漢音切西名，勢必不肖。不肖而猶强爲之，無非便不解西文者略解西史耳。然則曰葉斯比曰亞利斯多德庸何傷。至謂爲解西文者說法，則純用西文，且讀作其人本國語之音，是固鄙意所期也。

(二)地名取音與人名同，可緣附者不妨緣附，如新嘉坡是也。可略者無妨從略，如桑港是也。國名洲名之習用者，不妨但取首音，如亞洲英國是也。音聲學應有之損益，且無妨從習慣而損益之，如美利堅（重音在母音後之第二節其母音往往不成聲）如俄羅斯（欲明辨首音之重音或至別添一音此所謂不同化也）是也。其所異於人名者，則可譯無妨譯義，如喜望峯地中海黑海紅海等是已。第渺茫之義及國家之名一成不可譯。如或謂吾國支那之名本於繪兒，然不能稱支那曰繪兒尼達蘭義爲窪地，不能稱尼達蘭曰窪地。日本之名雖自我起，既成則不能更曰扶桑。

(三)官號各國異制，多難比擬，不如借用其名以覈其實。如單於汗，且渠當戶，百里璽天德，皆其例也。然法制日趨大同，官職相似者日多。既相似固不妨通用此號。而非漢官所有．特爲作名如左右賢王僮僕都尉古亦有其例也．

（四）鳥獸草木之名此土所有者．自宜循爾雅本草諸書．摭其舊名。此土所無而有義可譯者．仍不妨取義．如知更鳥勿忘草等是也。無義可譯則沿用拉丁舊名．然亦宜如葡萄苜蓿取一二音以爲之．俾同化於國語也。

（五）金石化學之名亦然。金銀鹽礬故有者不必論。有義者則如酒精蘋果酸等取義譯。無義者則依拉丁首一二音作新名。然音不可強用他義之舊名。（例如銻本有火齊珠之義不可以爲元素名）義不可漫摭不確定一端之義。例如輕氣在當時以其爲元素中之最輕。今則義變而名歉矣）斟酌盡善．則專家之務也。

（六）理學上之名最難遂譯。向有其名如赤道黃道者仍舊貫。確有其義．如溫帶寒帶者從義譯。專名無關於實義者．不妨因故有之陋．如星以五行名．電以陰陽名．無損於其實也。似專名而義含於其名者．則宜愼重。稱『愛耐而幾』Energy 曰儲能．稱『伊太』Ether 曰淸氣．漫加狀詞．殆未有不誤謬者。『愛耐而幾』固有儲有行。『伊太』在理想中無從狀其清濁也。愛耐而幾.或可譯作勢乎。伊太則伊太而已矣。

（七）器械之屬有義可譯者.如上第二十條所云。無可譯者.則倣後三四條作新名。璧珋珂珴古原有其例也。『亞更』Organ 不能譯原義曰機『批阿娜』Piano 不能譯原義曰清平而曰風琴洋琴則殺矣。無已其亦借音作名.如古之琵琶乎。

（八）玄學上多義之名不可譯.如內典言般若猶此言智慧.而智慧不足以盡之。亞利斯多德言『奴斯』Nous 猶此言理.而理不足以盡之。名之用於他者.無妨其不盡。玄學則以名詞爲體.以多義爲用者.不可以不盡也。

（九）宗教上神祕之名不可譯.如『曼那』Manna 譯爲甘露.則史蹟譌殺。湼盤譯爲烏有.則索然無味。佛義爲知者.不能號爲知者。基督義爲灌頂.不能稱其灌頂王也。

（十）史乘上一民族一時特有之名不可譯.如法律史上羅馬人之自由權.市

民權。氏族權。稱曰『三加普』Tria Caputa．不能譯加普曰資格。政治史上希臘人放逐其國人之裁判法曰『亞斯托剌西斯姆』Ostracism．不能譯其義曰國民總投票等是也。

美詩人某嘗語其友曰．觀君數用法蘭西語．果使精練英語．無論何種感想．自有語言可表。安用借法語為也。德文豪哥德且曰表示感想．惟國語為最適切。誠哉好用外語者蓋未嘗熟達國語也。自史籀之古書凡九千名．非苟為之也．有其文者必有其諺言。秦篆殺之。凡將諸篇繼作．及鄦氏時亦九千名。衍乎鄦氏者曰玉篇以逮集韻不損三萬字．非苟為之．有其文者必有其諺言。刻玉曰琢。刻竹以為書曰篆。黑馬之黑與黑絲之黑．名實眩也．則別以驪緇。青石之青．竽筍之青名實眩也．則別以蒼筤琅玕。白鳥之白．白雪之白．白玉之白．名實眩也．則別以皠皚皦。怨偶匹也．合偶匹也．其匹同．其匹之情異．則別以逑仇。馬之重遲．物之重厚．其重同．其重之情異．則別以篤竺。此猶物名也。更以動靜名言之．直言曰徑。一曲一直曰迂。自圓心以出輻線稍前益大曰爽。兩線平行略傾漸遠而合成交角曰皀。車小缺復合曰輟。釜气上蒸曰融。南北極半歲見日半歲不見日曰暨。東西半球兩足相抵曰僢。簡而別、昭而切、則孳乳之用、具衆理而應萬事。古者術語固無虞其匱乏也。後世俗媮文敝、使術名爲廢語、於是覩外貨則目眩神搖。習西學則心儀頂理。耳食而甘、覺無詞以易。乞借不足、甚且有倡用萬國新語者。習於外而忘其本、滔滔者蓋非一日矣。歐語殊貫、侵入猶少。日人之所矯揉者、則奪亂陵雜、不知其所底止也。吾雖於義譯五六條下著日人譯語不妨從同。然集一政黨、亦必曰國民、曰進步、曰政友、曰大同俱樂部、亦何呰媮至於斯極乎。國語者、國民性情節族所見也。漢土人心故渙散、削於外族者再、所賴以維持者、厥惟國語。使外語蔓滋、陵亂不修、則性情節族淪夷、種族自尊之念、亦將消殺焉。此吾所爲涓涓而悲也。綜上所著三十條、更爲之申言曰、故有其名者舉而措之。荀子所謂散名之在萬物者從諸夏之成俗曲期也。故無其名者駢集數字以成之。

國語釋故釋言而外復有釋訓非聯緜兩字卽以雙聲疊韻成語此異於單舉又昔事物名號合用數言放勳重華古聖之建名阿衡祈父官僚之定命是皆兩義並爲一稱猶西語合希臘拉丁之兩言爲一名也今通俗用言雖不過二千其不至

（甚疊匯之者猶賴此轉移蓋亦吾國語之後天發達也音少義多單舉易殺明體達用莫便於此）荀子所謂絫而成文名之麗也。無緣相擬然後仿五不翻之例．假外語之一二音作之。荀子所謂有循於舊名有作於新名也。

本斯三端．著爲世例。冀於斯道．稍有所貢獻。當否不敢知也。至於切要之舉．竊以爲宜由各科專家集爲學會。討論抉擇．折衷之於國語國文之士．（例如日本法政之名從國法學術之名從學會國家主要用品如軍艦飛艇等名則由政府布告以定之）名正言順．庶幾百官以治．萬民以察乎。